VIOLÊNCIA OBSTÉTRICA
O SEU PARTO, A SUA AUTONOMIA! OS PRINCIPAIS DIREITOS DAS MULHERES GESTANTES E PUÉRPERAS

Editora Appris Ltda.
1.ª Edição - Copyright© 2024 do autor
Direitos de Edição Reservados à Editora Appris Ltda.

Nenhuma parte desta obra poderá ser utilizada indevidamente, sem estar de acordo com a Lei nº 9.610/98. Se incorreções forem encontradas, serão de exclusiva responsabilidade de seus organizadores. Foi realizado o Depósito Legal na Fundação Biblioteca Nacional, de acordo com as Leis nos 10.994, de 14/12/2004, e 12.192, de 14/01/2010.

Catalogação na Fonte
Elaborado por: Dayanne Leal Souza
Bibliotecária CRB 9/2162

M152v 2024	Maciel, Ismar Jovita
	   Violência obstétrica: o seu parto, a sua autonomia!: os principais direitos das mulheres gestantes e puérperas / Ismar Jovita Maciel. – 1. ed. – Curitiba: Appris, 2024.
	   136 p. : il. ; 23 cm. – (Coleção Direito e Constituição).
	
	   Inclui referências.
	   ISBN 978-65-250-6419-2
	
	   1. Violência obstétrica. 2. Parto humanizado. 3. Direitos das mulheres. 4. Médico e paciente. I. Maciel, Ismar Jovita. II. Título. III. Série.
	
	 CDD – 323.3

Livro de acordo com a normalização técnica da ABNT

Appris
editora

Editora e Livraria Appris Ltda.
Av. Manoel Ribas, 2265 – Mercês
Curitiba/PR – CEP: 80810-002
Tel. (41) 3156 - 4731
www.editoraappris.com.br

Printed in Brazil
Impresso no Brasil

Ismar Jovita Maciel

VIOLÊNCIA OBSTÉTRICA
O SEU PARTO, A SUA AUTONOMIA!
OS PRINCIPAIS DIREITOS DAS
MULHERES GESTANTES E PUÉRPERAS

Appris
editora

Curitiba, PR
2024

FICHA TÉCNICA

EDITORIAL	Augusto Coelho
	Sara C. de Andrade Coelho
COMITÊ EDITORIAL	Ana El Achkar (UNIVERSO/RJ)
	Andréa Barbosa Gouveia (UFPR)
	Conrado Moreira Mendes (PUC-MG)
	Eliete Correia dos Santos (UEPB)
	Fabiano Santos (UERJ/IESP)
	Francinete Fernandes de Sousa (UEPB)
	Francisco Carlos Duarte (PUCPR)
	Francisco de Assis (Fiam-Faam, SP, Brasil)
	Jacques de Lima Ferreira (UP)
	Juliana Reichert Assunção Tonelli (UEL)
	Maria Aparecida Barbosa (USP)
	Maria Helena Zamora (PUC-Rio)
	Maria Margarida de Andrade (Umack)
	Marilda Aparecida Behrens (PUCPR)
	Marli Caetano
	Roque Ismael da Costa Güllich (UFFS)
	Toni Reis (UFPR)
	Valdomiro de Oliveira (UFPR)
	Valério Brusamolin (IFPR)
SUPERVISOR DA PRODUÇÃO	Renata Cristina Lopes Miccelli
PRODUÇÃO EDITORIAL	Sabrina Costa
REVISÃO	Camila Moreira
DIAGRAMAÇÃO	Jhonny Alves dos Reis
CAPA	Carlos Pereira
REVISÃO DE PROVA	Jibril Keddeh

COMITÊ CIENTÍFICO DA COLEÇÃO DIREITO E CONSTITUIÇÃO

DIREÇÃO CIENTÍFICA Antonio Evangelista de Souza Netto (PUC-SP)

CONSULTORES

Ana Lúcia Porcionato (UNAERP)	José Laurindo de Souza Netto (TJ/PR – UFPR)
Arthur Mendes Lobo (UFPR)	Larissa Pinho de Alencar Lima (UFRGS)
Augusto Passamani Bufulin (TJ/ES – UFES)	Luiz Osório de Moraes Panza (Desembargador TJ/PR, professor doutor)
Carlos Eduardo Pellegrini (PF - EPD/SP)	Luiz Rodrigues Wambier (IDP/DF)
Danielle Nogueira Mota Comar(USP)	Marcelo Quentin (UFPR)
Domingos Thadeu Ribeiro da Fonseca (TJ/PR – EMAP)	Mário Celegatto (TJ/PR – EMAP)
Elmer da Silva Marques (UNIOESTE)	Mário Luiz Ramidoff (UFPR)
Georges Abboud (PUC/SP)	Maurício Baptistella Bunazar (USP)
Guilherme Vidal Vieira (EMPAP)	Maurício Dieter (USP)
Henrique Garbelini (FADISP)	Ricardo Freitas Guimarães (PUC/SP)

Dedico este livro a todas as mulheres, a todas as gestantes e futuras mamães. Desejo que o gestar e a maternidade sejam a concretização de sonhos a transformar a sociedade.

AGRADECIMENTOS

Primeiramente, eu sou grato a Deus, pelo dom da minha vida, por permitir que eu transmita a minha mensagem.

Agradeço imensamente à minha maior psicóloga, que mesmo sem ser letrada, foi e é o meu maior exemplo de honestidade e de ser humano: a minha mãe biológica, dona Francisca Jovita Maciel. Sem ela, eu não seria nada nesta vida. GRATIDÃO, MAMÃE! Sou também eternamente grato à minha irmã, Ivanete Maciel, pessoa que cuidou de mim desde os primeiros momentos da minha vida, pessoa inigualável, que sempre me apoiou, me deu suporte em minha jornada, que me deu oportunidades para que chegasse até aqui; foi ela quem trouxe toda nossa família do sertão da Bahia para São Paulo.

Não posso deixar também de agradecer à minha irmã, Gislene Maciel, pela cumplicidade, pela sintonia em defesa dos direitos dos pacientes. Ela é um exemplo que os profissionais da saúde devem seguir. É uma profissional focada no princípio da primazia do cuidado centrado no paciente.

Aos meus demais irmãos, Domingas Maciel, Ivanilda Maciel, Ivanildo Maciel, Ildemar Maciel e Maria Jovita, obrigado pela irmandade tão respeitosa!

À minha querida Marta Helana Dias, amiga e revisora pessoal desta obra, gratidão por dar forma e toques especiais a este livro. Você foi e é essencial por chamar minha atenção para aprimorar cada linha, cada página, cada capítulo.

Agradecimento especial à minha amiga, Dr.ª Cláudia Saraiva Teixeira, pela insistência em trazer-me para o Direito Médico e da Saúde. Foi um marco para a minha vida!

Agradeço à minha amiga, a Dr.ª Hilde Portela, psicóloga ímpar, pessoa com quem eu desabafo minhas angústias da necropolítica da saúde pública e privada.

Por fim, gratidão a toda a minha família e amigos!

Balança e flor

O vento quente que vêm dos sertões
No ventre carregou esse menino
Ninguém sabia o destino
Deste ventre protetor
Mal sabia esse ventre
Carregava uma esperança
E aos injustiçados
Trazia a força do seu labor

Um homem-menino franzino
Garoto grande da sua turma
Tudo meio fora do tempo
Foi tornando o moleque mais atento
Que venceu as dificuldades
Que faz da escrita a estrela-guia
E na fala, a justiça e a harmonia

Flor do Sertão
Gerado em tempo quente
Água, vida, ventre, flor
Que com a balança da justiça
Colocou sua missão ao serviço e a favor

E a vida carregou esse menino
Em outros tempos, outras terras
Muito estudo, meus irmãos
Com a balança na mão
Com a flor do seu destino
Compreende a gestação

O menino cresceu feito árvore nos estudos
Na balança das histórias
Ouviu, sentiu, percebeu
Com dedicação e persistência
Agora levanta a bandeira da vitória

Homem, doutor, menino
És um grande gerador
Traz a luz às almas oprimidas
Tem o fogo do coração, brasa dormida
No intelecto, um grande professor

Um investigador de desigualdades
Precisa se recarregar
Então é na luz da natureza
Onde tem água, mata e beleza
Que o doutor vai se refugiar
Nela encontra o respiro leve
Para a luta continuar

Do amor que foi criado
De superação fecundado
Com tanto estudo suado
Estudando cada caso
Contempla noites enluaradas
Esse grande sonhador!
Menino, flor da igualdade
Traz luz à maternidade
E se dedica com afinco
Sobre esta luz da existência
Compreendeu os seus mistérios
E na batalha diária defende a vida
E luta contra os vitupérios

Me despeço agradecendo
Agradeço a vós mecê
Doutor, amigo querido
Nesta linda alvorada
De uma sujeita acanhada
Mas nessa embolada vou indo
Com votos de um destino lindo
Que nada apague o seu brilho!

Na balança, a justiça
No coração, um cheiro de flor
Pois para vencer adversidades
Nasceu um doutor!
Que seja tão abençoado
Menino doutor tão requisitado
E no seu caminho
Haja sempre proteção e muito amor!

(Marta Helena Dias, 30 jun. 2023)

PREFÁCIO 1

Nos tempos atuais, são muitas as temáticas que poderiam fomentar a vontade de um advogado trabalhar por causas de um determinado grupo social, principalmente quando trazemos à tona na sociedade a expressão que não quer calar: algum tipo de violência contra as mulheres. O Dr. Ismar Jovita Maciel, com sua sensibilidade, estudos e perspicácia, dedica-se a investigar os direitos das mulheres e bebês, bem como a aplicação dos direitos garantidos em nossas leis brasileiras. Ao longo desta caminhada de estudos, informações acontecem no dia a dia do país, por vezes em notícias, cartilhas ilustrativas, acolhimento de famílias e mulheres gestantes. Porém, tais informações, quando ainda em suas entrelinhas, lamentavelmente fazem com que os limites de uma mulher, a própria parturiente ou a família que está envolvida não compreendam com nitidez o momento em que houve uma violação dos direitos já adquiridos, direitos esses, ao longo da história, oriundos de muitas lutas sociais, percepção médica, advogados dedicados, depoimentos, processos, leis e incisos que vieram se modulando ao longo do tempo para recriar um verdadeiro ambiente seguro, no qual se espera a correção de algumas práticas e arestas, isto é, as lacunas que ficaram no tempo de outrora. Aqui, o autor discorre, de forma didática e fundamentada, as leis, os direitos, a proteção e os subentendidos nessas leis para um público curioso, atento e necessitado de uma nova visão acerca do planejamento e das situações que não devem acontecer para a preservação da dignidade humana e a preservação da vida com suas diferentes nuances. Ora, sabemos que a fragilidade de uma mulher a coloca em riscos por vezes desnecessários, por medo, falta de conhecimento, constrangimentos, falta de diálogo com o grupo médico, parceiros e família envolvida. Além disso, há questões sociais, econômicas, emocionais e psicológicas envolvidas a determinadas práticas. O autor adota nesta obra uma narrativa bem ordenada, simples e informativa, com explicações e exemplos para que todos os leitores consigam se engajar no passo a passo dos direitos, compreendendo como a violência obstétrica, uma expressão por vezes rechaçada por alguns grupos, a fim de que tal leitura seja de valia para a sociedade civil. O autor coloca-nos frente a frente ao tema e situa-nos no tempo, desde os movimentos internacionais e nacionais, as tratativas, causas e decisões judiciais, enfim, exemplos de grande relevância sobre direitos adquiridos perante os tribunais, leis e regras do Ministério da Saúde e da OMS.

Embora seja um tema delicado, o autor consegue aproximar com mais precisão os momentos de grande mudança dessas leis e sua execução. Partindo de módulos e submódulos, esta obra facilita também o entendimento acerca da problemática, o que poderá servir de uma rota a ser consultada quantas vezes forem necessárias. Os capítulos nos colocam em grande reflexão, servindo como uma leitura para a família, os estudiosos do assunto, os médicos, os advogados, as pessoas da área da saúde e, especialmente, as mulheres que também viveram alguma situação embaraçosa ou séria no momento da gestação ou que se sentiram violadas ou lesadas por alguma decisão não permitida. Ademais, a leitura desta obra destina-se a quem se interessar por temas de relevância social, saúde das mulheres e bebês, seus direitos e planejamento familiar.

O autor deixa apostilado ao longo dos capítulos tudo que é necessário para que as mulheres e famílias entendam o ambiente em que estiveram, estão ou estarão — os seus deveres e direitos, ou seja, o momento tênue no qual esta linha pode ou não ser ultrapassada. Portanto, a obra elucida as dúvidas e pode ser lida para um melhor planejamento do momento pleno e vulnerável da parturiente. Há um público que, infelizmente, passou por alguma situação e não conseguiu compreender alguma prática ou viveu as consequências disso? Bem, infelizmente isso não seria impossível para as nossas leitoras e leitores abordarem. Muitas dessas situações estão mais próximas e são reais do que necessitariam existir, mas a realidade é que violências aconteceram e acontecem na realidade de muitas famílias. Também estarão registradas nestas páginas, com licença autoral, o que chamo de o subtítulo das "mini" violências, a bordo do que é sutil, mas que ocasiona riscos e traumas durante e após a gestação. Ao falar desses casos, o autor explica com excelência como detectar tais violências. Uma exemplificação prática para a importância deste livro seriam também os casos mais difíceis para a mulher expressar ou reivindicar outro tipo de tratamento, e não apenas uma alternativa desconfortável ou vexatória. Para quem não conhece um pouco a história de vida do nosso autor, ele mesmo deixará sua breve explicação e jornada por essas páginas, como nasceu e seu interesse pela defesa dessas mulheres em trazer luz à vida. Extremamente tocante, a vida do menino do interior da Bahia, do Brejo da Boa Vista, em 1987, foi uma reviravolta do começo até os tempos de hoje. Dr. Ismar Maciel Jovita coloca-nos à prova do conhecimento, das boas práticas de elucidação, e sua narrativa tem o poder de nos deixar crescer em entendimento como os pequenos embriões. Sua história de vida tem o poder de capacitar a todos.

Quando estive em suas palestras dotadas de capacidade de oratória e de materiais digitais, havia um interesse em algum material palpável, especialmente depois de acompanhar suas palestras. Agora, o nascimento desta obra e a determinação do autor em abrir a temática apraz muito às mulheres, de forma que me senti revivendo a gestação, percebendo o quão seria importante ter um estudo como o apresentado em capítulos simples, aproximando o público do Direito Médico e transcrevendo a linguagem acadêmica e das leis para um público leigo. Mesmo eu, considerando-me uma pessoa bem elucidada e curiosa sobre os meus direitos, fiz descobertas estarrecedoras de coisas que passaram desapercebidas na minha gestação e tratamento. Tenho a plena convicção de que você também fará tais descobertas! Sinto-me honrada em poder cooperar com a tessitura destes textos e confesso ter aprendido muitas coisas como mulher, cidadã, educadora e mãe. São páginas que nos ajudam a desvendar e perceber o quanto ainda precisamos estar atentos a tudo que envolve o mistério da vida.

O autor experenciou, desde os primeiros momentos de vida, a conexão com a mãe em dificuldade, vestindo a sua própria história — um filho caçula que, em sua chegada, viveu o desafio e o risco em um lugar sem recursos, sem muitas oportunidades, sem a assistência devida. Então, o Dr. Ismar buscou compreensão, investigou e vingou-se, para a alegria de todos. Esse garoto alfabetizado aos 15 anos reverteu sua vida no que seria uma das suas causas a defender, a própria vida!

Assim, finalizo este breve prefácio e deixo-lhes a grande apreciação pela jornada do autor pela causa, pelos direitos, pela coragem de explanar com clareza e lucidez, de forma simples e prática, abrindo o leque das possibilidades e resolvendo muitas dúvidas. Espero que apreciem e que, desse modo, possamos conscientizar muitas famílias e mulheres, protegendo os seres que irão chegar. Com grande prazer, convido-lhes a correr as páginas deste livro, fazer suas notas mais pertinentes e aprender imensamente com o nosso autor. Deixo-lhes a gratidão de fazer parte desse ensino.

São Paulo, 16 dez. 2023.
Marta Helena Dias
Professora, educadora, escritora e mãe

PREFÁCIO 2

É com imensa satisfação que apresento o prefácio deste livro, dedicado a explicitar um tema de tamanha importância e grandeza: a violência obstétrica sofrida pelas mulheres durante o parto. O profundo estudo sobre o tema e a divulgação das informações são cruciais para o enfrentamento dessa violência e o papel do profissional do Direito é fundamental para a defesa dos direitos das mulheres e, consequentemente, para a redução da agressão sofrida.

Infelizmente, ainda hoje, a violência obstétrica é uma realidade que afeta inúmeras mulheres durante a gestação, trabalho de parto e pós-parto e, não raro, encontramos profissionais que praticam condutas inadequadas e diversos tipos de abusos em total desrespeito com a parturiente. As consequências da prática dessa violência são, dentre outras, a inobservância de direitos, violação da autonomia da paciente e cicatrizes físicas e emocionais permanentes nas pacientes.

Neste livro, o autor abordou os diferentes aspectos da violência obstétrica, incluindo:

1. **Aspectos históricos da violência obstétrica:** o autor expõe o avanço da luta pela conquista dos direitos das mulheres, com explicitação das conquistas e dificuldades.

2. **Conceituação de violência obstétrica:** neste capítulo, o escritor navega pela conceituação do tema em âmbito internacional e nacional, com exposição das legislações existentes. O estudo sobre a compreensão desse tipo de violência é primordial para a capacitação do profissional que deseja atuar na defesa dos direitos das mulheres.

3. **Os princípios da bioética:** o autor aborda sobre a ética como garantidora da proteção das parturientes, explicitando os princípios da bioética que precisam ser protegidos durante o atendimento da mulher. É fundamental a compreensão das violações desses princípios e a importância da modificação de conduta dos profissionais de saúde.

4. **Principais direitos das mulheres:** o escritor explica de modo excelente as conquistas dos principais direitos das pacientes durante o atendimento pelo Sistema Único de Saúde e privado. A conscientização sobre a obediência desses preceitos é fundamental para a redução da violência.

5. **As consequências aos infratores dessa violência:** e, para finalizar, o autor expõe as possíveis consequências para aqueles que praticam a mencionada violência. A divulgação dessas informações é basilar para o enriquecimento do debate e a assimilação de que há punição para aqueles que praticam agressões a parturiente.

O livro foi brilhantemente escrito pelo autor, que é profundo conhecedor do assunto, e é recomendado para todos os profissionais de direito que desejam lutar pela justiça e dignidade das mulheres. Recomendo a leitura do livro, que além de abordar todo o tema, permite uma compreensão leve e prazerosa sobre o assunto.

Com gratidão,

Dr.ª Alessandra Varrone de Almeida Prado Souza
Autora de obras jurídicas
Pós-graduada em Direito Médico
Pós-graduada em Direto e Proc. do Trabalho
Pós-graduada em Direito Constitucional
Especialista em Violência Obstétrica
Especialista em Compliance Médico e Empresarial

SUMÁRIO

INTRODUÇÃO..17

CAPÍTULO 1
MARCOS HISTÓRICOS ANTECEDENTES DA VIOLÊNCIA
OBSTÉTRICA..19

CAPÍTULO 2
CONCEITUAÇÃO DE VIOLÊNCIA OBSTÉTRICA.........................25
    2.1 Violência obstétrica física 30
        2.1.1 Manobra de Kristeller..31
        2.1.2 Episiotomia 35
    2.2. Violência obstétrica verbal 37
    2.3 Violência obstétrica psicológica/moral....................................39
    2.4 Violência obstétrica sexual..40
    2.5 Excesso de medicação...40
    2.6 Violência obstétrica institucional..45
    2.7 Esterilização feminina sem consentimento................................46

CAPÍTULO 3
OS PRINCÍPIOS DA BIOÉTICA PRINCIPIALISTA APLICADOS À
VIOLÊNCIA OBSTÉTRICA..51
    3.1 Princípio da autonomia da paciente.......................................52
    3.2 Princípio da beneficência 59
    3.3 Princípio da não maleficência 61
    3.4 Princípio da Justiça...62

CAPÍTULO 4
OS DIREITOS DAS MULHERES GESTANTES E PUÉRPERAS.............63
    4.1 Direito ao pré-natal e parto humanizado..................................64
    4.2 Direito ao termo de consentimento informado e direito à informação........73
    4.3 Acesso ao prontuário da paciente...77
    4.4 Direito à acompanhante...83
    4.5 Opção pelo parto via cirurgia 88
    4.6 Direito ao plano de parto 91

4.7 Direito à segunda opinião médica 94

4.8 Direito à privacidade 97

4.9 Direito de não ser discriminada 97

4.10 Direito à recusa terapêutica 100

4.11 Direito à licença-maternidade 104

CAPÍTULO 5
AS CONSEQUÊNCIAS JURÍDICAS AOS INFRATORES DE VIOLÊNCIA OBSTÉTRICA 107

5.1 Responsabilidade ética-administrativa 107

5.2 Responsabilidade penal 111

5.3 Da lesão corporal 112

5.4 Do homicídio 114

5.5 Da violação do sigilo profissional 115

5.6 Da notificação compulsória: óbito materno e infantil/fetal 116

5.7 Omissão de socorro 118

5.8 Responsabilidade civil 118

REFERÊNCIAS 123

INTRODUÇÃO

A obra *Violência obstétrica: o seu parto, a sua autonomia!* é um tratado informativo e reflexivo que nos leva a uma jornada esclarecedora e motivadora no universo dos direitos das mulheres gestantes e puérperas. O enredo da tese principal da obra gira em torno da importância do respeito à autonomia da mulher durante a gestação, o parto e o pós-parto e à necessidade de combater a violência obstétrica.

É uma obra de grande relevância social e literária, pois aborda um tema urgente, contemporâneo, delicado e complexo na sociedade, com profundidade e respeito, rumo à promoção dos direitos das mulheres ao que se refere à gestação e ao parto.

As análises feitas na obra têm evidências sólidas, com base na Medicina Baseada em Evidências, normas do Ministério da Saúde, recomendações de organismos internacionais, incluindo a legislação atual, e estudos de caso, o que confere grande credibilidade à narrativa, para que todos os públicos possam compreender a temática de forma simples, clara e objetiva.

Além de traçar os direitos das mulheres na relação médico-paciente, a obra elenca também as penalizações aos profissionais da saúde e profissionais de hospitais que praticam violência obstétrica.

A obra está dividida em 5 capítulos, com os devidos subtítulos, em uma linguagem precisa, informativa e com simplicidade, para que o público tenha uma leitura fluída e enriquecedora.

No Capítulo 1, traço os marcos históricos antecedentes da violência obstétrica, analisando instrumentos internacionais de grande importância para a conceituação da violência obstétrica e dos direitos das mulheres elevados à categoria de direitos humanos.

No Capítulo 2, faço um apanhado do que de fato é a violência obstétrica, analisando como ela é expressa e quais são as suas conceituações e formas.

Trato das formas de violência obstétrica física, verbal, psicológica/moral, sexual, por excesso de medicação e institucional e da esterilização feminina não consentida. Todas essas formas de violência obstétrica são exemplificadas, com apoio na jurisprudência dos tribunais brasileiros.

Já no Capítulo 3, trato dos principais princípios da Bioética Principialista aplicados à violência obstétrica, partindo do pressuposto de que não há como falar em direitos das gestantes e puérperas, do Direito Médico e da Saúde sem entrar nas questões da ética da vida: a Bioética.

No Capítulo 4, dedicado aos principais direitos das mulheres gestantes e puérperas, e lendo um rol de direitos, tais como o direito ao pré-natal e ao parto humanizado; o direito ao termo de consentimento informado e o direito à informação; o acesso ao prontuário médico; o direito ao acompanhante, o direito ao plano de parto e à segunda opinião médica. São 11 direitos mencionados nesta obra.

No Capítulo 5, trato das consequências ético-administrativas; penais e civis aos infratores de violência obstétrica. Enfatizo alguns tipos penais existentes no Código Penal sob a óptica da prática de violência obstétrica.

Por fim, caros leitores, trata-se de uma obra de contribuição valiosa para a literatura sobre direitos das mulheres, saúde e ética médica, destacando a importância da autonomia e do respeito no contexto obstétrico.

Acredito que eu tenha descoberto a minha missão. E escrevi este livro para justamente levar informações para toda a sociedade, principalmente para as mulheres, a fim de que elas sejam respeitadas em todo o processo da gestação. Espero que o ato sublime de dar à luz, de parir, seja um momento de ouro, divino, para as mães e para os bebês.

O livro está em uma linguagem simples para que o público-alvo — pacientes fragilizadas e vulneráveis — possam compreender a mensagem, conhecendo seus direitos, bem como detectar formas de violência obstétrica e se defenderem.

Desejo a todos uma boa leitura e compreensão!

O autor

CAPÍTULO 1

MARCOS HISTÓRICOS ANTECEDENTES DA VIOLÊNCIA OBSTÉTRICA

Muitos movimentos sociais começaram a surgir em várias partes do mundo, a partir de 1950, em busca da autonomia das mulheres no processo de parto, bem como em prol do acesso da mulher à saúde de forma humanizada.

Na década de 1970, os direitos sexuais das mulheres foram elevados à categoria de direitos humanos, de modo que a ONU criou o Comitê CEDAW, que tem por objetivo justamente a responsabilidade de garantir a aplicação da Convenção para a Eliminação de todas as Formas de Discriminação contra a Mulher.

Vale ressaltar que a Convenção para a Eliminação de Todas as Formas de Discriminação contra a Mulher foi adotada pelo Brasil, com entrada em vigor em 2 de março de 1984, como norma de caráter de Direitos Humanos, bem como com valor de norma supralegal.

É importante mencionar que a referida Convenção afirma que a expressão "discriminação contra a mulher" significará toda a distinção, exclusão ou restrição baseada no sexo e que tenha por objeto ou resultado prejudicar ou anular o reconhecimento, o gozo ou o exercício pela mulher, independentemente de seu estado civil, com base na igualdade do homem e da mulher, dos direitos humanos e liberdades fundamentais nos campos político, econômico, social, cultural e civil ou em qualquer outro campo.

A prática de violência obstétrica, como será amplamente demonstrada, é uma grande violação dos direitos humanos e direitos reprodutivos das mulheres, prejudicando-as, causando danos e anulando o reconhecimento da autonomia das mulheres sobre seus corpos.

É significante também mencionar como introito (início) ao desenvolvimento do tema da violência obstétrica a Convenção Interamericana para Prevenir, Punir e Erradicar a Violência contra a Mulher, a fim de traçar uma breve linha histórica. Cumpre esclarecer, ainda, que a conclusão dessa

Convenção se deu aqui no Brasil em Belém do Pará, em 9 de junho de 1994, em que os Estados-Membros e o Brasil se comprometeram e reconhecer alguns direitos e fundamentos.

> Reconhecendo que o respeito irrestrito aos direitos humanos foi consagrado na Declaração Americana dos Direitos e Deveres do Homem e na Declaração Universal dos Direitos Humanos e reafirmado em outros instrumentos internacionais e regionais, afirmando que a violência contra a mulher constitui violação dos direitos humanos e liberdades fundamentais e limita todas ou parcialmente a observância, gozo e exercício de tais direitos e liberdades;

> Preocupados por que a violência contra a mulher constitui ofensa Contra a dignidade humana e é manifestação das relações de poder historicamente desiguais entre mulheres e homens;

> Recordando a Declaração para a Erradicação da Violência contra a Mulher, aprovada na Vigésima Quinta Assembleia de Delegadas da Comissão Interamericana de Mulheres, e afirmando que a violência contra a mulher permeia todos os setores da sociedade, independentemente de classe, raça ou grupo étnico, renda, cultura, idade ou religião, e afeta negativamente suas próprias bases;

> Convencidos de que a eliminação da violência contra a mulher é condição indispensável para seu desenvolvimento individual e social e sua plena e igualitária participação com todas as esferas devida; e

> Convencidos de que a adoção de uma convenção para prevenir, punir e erradicar todas as formas de violência contra a mulher, no âmbito da Organização dos Estados Americanos, constitui positiva contribuição no sentido de "proteger direitos da mulher e eliminar as situações de violência contra ela".

No mais, o artigo 4º da Convenção deu-se aqui no Brasil em Belém do Pará e dita que

> Toda mulher tem direito ao reconhecimento, desfrute, exercício e proteção de todos os direitos humanos e liberdades consagrados em todos os instrumentos regionais e internacionais relativos aos direitos humanos. Estes direitos abrangem, entre outros:

> a) direito a que se respeite sua vida;

b) direitos a que se respeite sua integridade física, mental e moral;

c) direito à liberdade e à segurança pessoais;

d) direito a não ser submetida a tortura;

e) direito a que se respeite a dignidade inerente à sua pessoa e a que se proteja sua família;

f) direito a igual proteção perante a lei e da lei;

g) direito a recesso simples e rápido perante tribunal competente que a proteja contra atos que violem seus direitos;

h) direito de livre associação;

i) direito à liberdade de professar a própria religião e as próprias crenças, de acordo com a lei; e

j) direito a ter igualdade de acesso às funções públicas de seu país e a participar nos assuntos públicos, inclusive na tomada de decisões.

Veja que tanto a Convenção da Organização dos Estados Americanos (OEA) na proteção dos Direitos Humanos no Sistema Regional quanto a Convenção Sobre a Eliminação de Todas as Formas de Discriminação contra as Mulheres (CEDAW), pertencente à proteção dos Direitos Humanos no Sistema Global, afirmam ser uma violação dos direitos humanos e direitos fundamentais todas as formas de violência contra a mulher, incluída a violência obstétrica (apenas para reforçar).

Essas convenções mencionadas contribuíram muito para a aprovação da Lei n.º 11.340/2006, como se verifica no seu preâmbulo:

> [...] cria mecanismos para coibir a violência doméstica e familiar contra a mulher, nos termos do § 8º do art. 226 da Constituição Federal, da Convenção sobre a Eliminação de Todas as Formas de Discriminação contra as Mulheres e da Convenção Interamericana para Prevenir, Punir e Erradicar a Violência contra a Mulher; dispõe sobre a criação dos Juizados de Violência Doméstica e Familiar contra a Mulher; altera o Código de Processo Penal, o Código Penal e a Lei de Execução Penal.

Além disso, o fruto da aprovação dessa lei foi a luta da ativista Maria da Penha.

Quanto à violência obstétrica, é relevante destacar que o Brasil foi condenado internacionalmente, em 2011, pela Organização das Nações

Unidas, no caso Alyne da Silva Pimentel, de modo que tal instituição recomendou que o Brasil adotasse medidas efetivas contra a violência obstétrica, bem como indenizasse os familiares da vítima.

Entenda o caso: Alyne da Silva Pimentel estava gestante de 6 meses. No dia 11 de novembro de 2002, ao sentir fortes dores abdominais e náuseas, buscou assistência médica em uma clínica privada conveniada ao Sistema Único de Saúde (SUS) em Belfort Roxa, Rio de Janeiro. O médico que lhe atendeu não realizou quaisquer exames, apenas a medicou e a liberou.

Contudo, essa jovem não melhorou e retornou ao hospital três dias após orientação, quando descobriram que o feto estava morto. Assim, foi submetida ao parto induzido do feto natimorto, o que levou quatorze horas, até ser submetida à cirurgia de curetagem e raspagem uterina para retirada dos restos placentários.

O quadro de Alyne se agravou, sendo recomendada a sua transferência para outro hospital que possivelmente teria mais recursos, mas essa transferência demorou muito, e a paciente foi transferida sem prontuário médico para o Hospital de Nova Iguaçu. Mesmo diante do estado grave de saúde, com hemorragia e em coma, ficou largada no corredor do hospital por falta de leito.

Em consequência disso, a paciente foi a óbito por hemorragia em completa negligência por parte do Estado brasileiro, pois o feto ficou por vários dias morto em seu útero. O Estado brasileiro constantemente comete uma necropolítica, ou seja, política da morte, do abandono, da mistanásia, que é a morte por morte miserável, por omissão, por negligência, por incompetência ou insuficiência na assistência à saúde.

As mulheres gestantes e puérperas necessitam de uma assistência médica obstétrica adequada, de qualidade, com profissionais da saúde capacitados para agir em questões de emergência obstétrica e atendimento obstétrico.

Faber e Moura et al. (2021), em artigo intitulado "Violência obstétrica institucional: uma questão sobre os direitos das mulheres", trazem um dado de extrema importância ao apontarem as razões da violência obstétrica na sociedade.

> Há estudos que mostram que a maioria das mulheres tem conhecimentos insuficientes em relação a violência obstétrica, o que dificulta na identificação dessas ações, consequentemente perpetuando sua prevalência (Vieira et al., 2020). Conjuntamente é visto que a formação dos novos

profissionais também influencia na predominância ou não de tais atos, dado que, a banalização da violência obstétrica muitas vezes está arraigada nos profissionais responsáveis pela formação da futura equipe de saúde (Diniz et al., 2015). Logo faz se necessário a disseminação do conhecimento quanto a identificação das várias formas de violência obstétrica e uma conscientização por parte dos acadêmicos de medicina, enfermagem e equipe de saúde. (FABER; MOURA *et al.*, 2021, p. 5).

Para a ONU, os direitos das mulheres são:

Quadro 1 - Direitos das mulheres

Direito à vida	Direito à privacidade
Direito à liberdade e segurança pessoal	Direito à saúde e à proteção
Direito à igualdade	Direito de construir relacionamento conjugal/planejar sua família
Estar livre de todas as formas de discriminação	Direito a decidir ter ou não ter filhos e quantos ter
Direito à liberdade de pensamento	Direito aos benefícios do progresso científico
Direito à informação e à educação	Direito à liberdade de reunião e participação política
	Direito a não ser submetida a tortura e maus-tratos

Fonte: o autor

Muitas outras mulheres foram vítimas de negligência médica e de violência obstétrica que, infelizmente, ceifaram as suas vidas. A todo o momento, relatam-se pelas mídias mortes de mulheres pela má prestação de serviço médico. Isso é uma questão de calamidade pública que precisa urgentemente ser enxergada e combatida.

CAPÍTULO 2

CONCEITUAÇÃO DE VIOLÊNCIA OBSTÉTRICA

A análise etimológica da palavra "obstetrícia" advém do latim, do verbo *obstar,* que, por sua vez, significa "ficar ao lado de", ou seja, é uma especialidade médica que acompanha a mulher durante a gestação, o parto, o pós-parto e o puerpério, considerando que o puerpério se estende por quarenta e dois dias.

Contudo, o "ficar ao lado da mulher" como apoio, suporte, respeitando as suas particularidades, vontades e autonomia não é o que vem sendo praticado por muitos profissionais médicos, obstetras e profissionais da saúde. Aqui, desde já, deixo claro que existe bons profissionais da saúde, os quais merecem o meu respeito; mas como em qualquer profissão, existem bons e maus profissionais.

Segundo a OMS, a violência obstétrica consiste em abusos verbais, restrição da presença de acompanhante, procedimentos médicos não consentidos, violação de privacidade, recusa em administrar analgésicos, violência física, entre outros. A OMS também afirma que mulheres adolescentes, solteiras, com baixo poder aquisitivo, migrantes e pertencentes a minorias étnicas são as mais propensas a serem vítimas de abusos.

Ressalta-se, ainda, que as mulheres negras são mais submetidas a práticas de violência obstétrica, estando em voga a questão do racismo obstétrico, em que muitas mulheres negras são submetidas a procedimentos, tais como episiotomia, sem anestesia, sob o preconceito enraizado no consciente da sociedade e do profissional de saúde de que a mulher negra é mais resistente à dor.

A violência obstétrica caracteriza-se pela apropriação do corpo e dos processos reprodutivos das mulheres pelos profissionais de saúde, por meio do tratamento desumanizado, do abuso da medicalização e da patologização dos processos naturais (definição de violência obstétrica dada pelo art. 6, letra E, da Lei n.º 26.485/2009, em conformidade com a Lei n.º 25.929 de 2004, Lei do Parto Humanizado, ambas da Argentina). Tal prática, segundo a Lei da Venezuela, causa a perda da autonomia e capacidade das mulheres de decidir livremente sobre seus corpos e sexualidade, o que impacta negativamente na qualidade de vida das mulheres.

Imperioso ressaltar que não são apenas os profissionais da saúde que praticam violência obstétrica. Eis que o agressor pode ser qualquer funcionário do hospital, clínica ou laboratório, logo, o agressor pode ser porteiro, segurança, recepcionista, administrador ou faxineiro que tenha contato direto com a mulher gestante no ambiente hospitalar. A violência verbal é uma das formas pelas quais se expressa a violência obstétrica.

No Brasil, ainda não há uma legislação no âmbito federal que venha a tipificar a violência obstétrica, sendo sua conceituação uma construção da doutrina, da jurisprudência e de instrumentos internacionais, tais como a CEDAW, ratificada no Brasil pelo Decreto n.º 89.460/1984, e a Convenção Interamericana para Prevenir, Punir e Erradicar a violência contra a mulher, realizada no Pará.

Há diversas leis dos entes federados, tais como os estados de Santa Catarina, Tocantins, Minas Gerais, Goiás, Pernambuco, entre outros, que versam sobre violência obstétrica.

O Estado de Santa Catarina promulgou a Lei n.º 17.097/2017, que dispõe sobre a implantação de medidas de informação e proteção à gestante e parturiente contra a violência obstétrica, recentemente revogada pela Lei n.º 18.322/2022, lei essa que consolida as demais que dispõem sobre Políticas Públicas de Enfrentamento à Violência Contra as Mulheres no Estado de Santa Catarina.

Veja que a Lei n.º 17.097/2017 foi incluída na Lei n.º 18.322/2022 por meio dos arts. 33 ao 35[1]. É uma importante lei sobre violência obstétrica.

---

1   Lei Estadual de Santa Catarina n.º 18.322/2022:
Art. 33. As medidas de informação e proteção à gestante e parturiente contra a violência obstétrica no Estado de Santa Catarina e divulgação da Política Nacional de Atenção Obstétrica e Neonatal são implementadas por meio da Lei n.º 17.205, de 19 de julho de 2017.
Art. 34. Considera-se violência obstétrica todo ato praticado pelo médico, pela equipe do hospital, por um familiar ou acompanhante que ofenda, de forma verbal ou física, as mulheres gestantes, em trabalho de parto ou, ainda, no período puerpério.
Art. 35. Para efeitos do disposto neste Capítulo considerar-se-á ofensa verbal ou física, dente outras, as seguintes condutas:
I — tratar a gestante ou parturiente de forma agressiva, não empática, grosseira, zombeteira, ou de qualquer outra forma que a faça se sentir mal pelo tratamento recebido;
II — fazer graça ou recriminar a parturiente por qualquer comportamento como gritar, chorar, ter medo, vergonha ou dúvidas;
III — fazer graça ou recriminar a mulher por qualquer característica ou ato físico como, por exemplo, obesidade, pelos, estrias, evacuação e outros;
IV — não ouvir as queixas e dúvidas da mulher internada e em trabalho de parto;
V — tratar a mulher de forma inferior, dando-lhe comandos e nomes infantilizados e diminutivos, tratando-a como incapaz;

No Estado de São Paulo, há um projeto de Lei n.º 1.130/2017 (São Paulo, 2017) que dispõe sobre a prevenção da violência obstétrica no âmbito da assistência perinatal e dá outras providências, de Autoria da Deputada Leci Brandão. Contudo, o referido projeto de lei está sem andamento desde abril de 2018. Esse projeto de lei elenca importantes caracterizações do que é a violência obstétrica, abrangendo as modalidades de violência obstétrica física, verbal, moral/psicológica, restrição de direitos e administração de analgesia. Recomendo a leitura do referido projeto para melhor entendimento do tema.

Na maioria dos relatos, percebe-se que as mulheres gestantes do período do pré-natal até quarenta e dois dias após o nascimento do bebê (período esse chamado de puerpério) são vítimas de violência obstétrica, por violação de direitos por parte da equipe de saúde, da sua autonomia como pacientes; por desrespeito à sua opinião, à sua vontade e à decisão compartilhada de tratamento médicos; por falta do dever informacional que compreenda a Orientação n.º 1/2016 do Conselho Federal de Medicina, que se refere ao Termo de Consentimento Informado; e por negligência, maus-tratos, abandono e restrição de direitos.

VI — fazer a gestante ou parturiente acreditar que precisa de uma cesariana quando esta não se faz necessária, utilizando de riscos imaginários ou hipotéticos não comprovados e sem a devida explicação dos riscos que alcançam ela e o bebê;

VII — recusar atendimento de parto, haja vista este ser uma emergência médica;

VIII — promover a transferência da internação da gestante ou parturiente sem a análise e a confirmação prévia de haver vaga e garantia de atendimento, bem como tempo suficiente para que esta chegue ao local;

IX — impedir que a mulher seja acompanhada por alguém de sua preferência durante todo o trabalho de parto;

X — impedir a mulher de se comunicar com o "mundo exterior", tirando-lhe a liberdade de telefonar, fazer uso de aparelho celular, caminhar até a sala de espera, conversar com familiares e com seu acompanhante;

XI — submeter a mulher a procedimentos dolorosos, desnecessários ou humilhantes, como lavagem intestinal, raspagem de pelos pubianos, posição ginecológica com portas abertas, exame de toque por mais de um profissional;

XII — deixar de aplicar anestesia na parturiente quando esta assim o requerer;

XIII — proceder a episiotomia quando esta não é realmente imprescindível;

XIV — manter algemadas as detentas em trabalho de parto;

XV — fazer qualquer procedimento sem, previamente, pedir permissão ou explicar, com palavras simples, a necessidade do que está sendo oferecido ou recomendado;

XVI — após o trabalho de parto, demorar injustificadamente para acomodar a mulher no quarto;

XVII — submeter a mulher e/ou o bebê a procedimentos feitos exclusivamente para treinar estudantes;

XVIII — submeter o bebê saudável a aspiração de rotina, injeções ou procedimentos na primeira hora de vida, sem que antes tenha sido colocado em contato pele a pele com a mãe e de ter tido a chance de mamar;

XIX — retirar da mulher, depois do parto, o direito de ter o bebê ao seu lado no Alojamento Conjunto e de amamentar em livre demanda, salvo se um deles, ou ambos necessitarem de cuidados especiais;

XX — não informar a mulher, com mais de 25 (vinte e cinco) anos ou com mais de 2 (dois) filhos sobre seu direito à realização de ligadura nas trompas gratuitamente nos hospitais públicos e conveniados ao Sistema Único de Saúde (SUS);

XXI — tratar o pai do bebê como visita e obstar seu livre acesso para acompanhar a parturiente e o bebê a qualquer hora do dia.

Em importante reportagem de Sudré (2019), publicada no Brasil de Fato, intitulada "Dor ignorada — vítimas de violência obstétrica relatam agressões durante o parto", colhemos os seguintes relatos de mulheres:

"Ele (obstetra) me disse que já tinha matado meu primeiro filho e que por eu demorar iria matar o segundo como se o trabalho de parto e tudo que estava acontecendo fosse culpa minha. Ele disse isso muitas vezes. Não foi uma, não foram duas. O tempo todo ele repetia isso".

"A obstetra fez exame de toque no meio de uma contração. Eu avisei que estava tendo contração e ela enfiou o dedo mesmo assim, no meio de uma contração. Eu quase morri".

"Era um enfermeiro e uma enfermeira pulando cima da minha barriga para ela sair. Por sorte, graças a Deus, não aconteceu nada. Foi super traumático".

Todos esses relatos demonstram que a violência obstétrica é uma questão de saúde pública que precisa ser enxergada e combatida por ser uma grande violação de direitos humanos.

Segundo pesquisas realizadas no Brasil, 1 entre 4 mulheres são vítimas de alguma das formas de violência obstétrica, o que impacta negativamente na sua qualidade de vida, na progressão do parto e até no desejo da mulher em ter outro filho, desencadeando depressão pós-parto. No Brasil, há por ano aproximadamente 3 milhões de partos[2], então, é um número gritante de mulheres que são vítimas de violência obstétrica!

Segundo artigo de revisão de literatura intitulado "A mulher diante da violência obstétrica: consequências psicossociais", de autoria de Maia (2018), a violência obstétrica impacta negativamente a vida das mulheres, causando uma série de problemas de saúde.

1. Transtorno de adaptação, prejuízo do funcionamento social e da relação mãe-bebê; Transtornos de ansiedade e recusa da mulher em procurar o serviço de saúde em caso de morbidades decorrentes de complicações no parto;

2. Alterações fisiológicas, afetivas, comportamentais e cognitivas: pânico, fobia, TOC e estresse pós-traumático;

3. Adoecimento físico e psíquico;

---

[2] Disponível em: https://jornal.usp.br/atualidades/brasil-tem-o-segundo-maior-numero-de-cesareas-no-mundo-apesar-dos-riscos./ Acesso em: 1 abr. 2024.

4. Transtornos depressivos: depressão pós-parto, disforia puerperal e psicose puerperal;

5. Sentimentos negativos (angústia, revolta, receio e sofrimento) e o aparecimento de transtornos emocionais;

6. Interferência na relação da puérpera com o próprio recém-nascido, amigos e parentes, sociedade; Interferência na procura da mulher a um serviço de saúde; Interferência na relação da mulher com uma possível próxima gestação;

7. Transtornos de comportamento;

8. Quadros depressivos;

9. Transtornos de ansiedade; Fobias; Compulsão alimentar; Distúrbios do sono.

Os direitos das pacientes gestantes é um direito humano, o qual deve ser respeitado por todos da equipe de saúde, bem como por qualquer funcionário do hospital. A mulher, desde gestante, não pode ser vista apenas como um ser humano que está a dar à luz a outro ser humano. Não pode ser coisificada, ou seja, um objeto a ser manipulado de forma desnecessária e sem o seu consentimento.

A mulher deve ter a sua dignidade respeitada, compreendendo o seu direito de opinar, de se autogovernar e, claro, se impor a determinados tratamentos médicos, posto que não é pelo fato de estar em uma situação de vulnerabilidade que será coisificada. Nesse sentido, de acordo com Silva (2007 *apud* Ferreira, 2007, p. 85),

> A filosofia Kantiana mostra que o homem, como ser racional, existe como um fim em si, e não simplesmente como meio, enquanto os seres desprovidos de razão têm um valor relativo e condicionado, o de meios, eis porque lhes chamam coisas; ao contrário, os seres racionais são chamados pessoas, porque sua natureza já os designa como um fim em si, ou seja, como algo que não pode ser empregado simplesmente como meio e que, por conseguinte, limita na mesma proporção o nosso arbítrio, por ser um objeto de respeito. E assim se revela como um valor absoluto, porque a natureza racional existe com fim em si mesmo.

A grande questão que paira na sociedade é que a prática de violência obstétrica é uma violação de direitos humanos.

O termo "violência obstétrica" permanece em grande invisibilidade e sendo naturalizado por grande parte de profissionais da saúde e gestores.

Esse é o grande desafio a ser enfrentado e esclarecido; saber o porquê de tal invisibilidade quanto à questão da violência obstétrica, podendo ser justificada pela própria falta de atualização das práticas obstétricas, além de supostas quebras e precariedades em eixos estruturantes, como a ausência de formação e preparo dos profissionais da saúde.

Feitas essas considerações, passemos a esmiuçar as formas de violência obstétrica para melhor entendimento.

2.1 Violência obstétrica física

A violência obstétrica na modalidade física consiste na privação da mulher em se locomover, em ter sua capacidade física restringida, reduzida pelo profissional de saúde quando da imposição de conduta e comportamentos. Como exemplos, temos a proibição da mulher em andar na sala de parto, amarrar as mãos na maca, impor uma posição de parto quando, na verdade, compete à mulher escolher a posição que seja melhor para ela parir por respeito a sua autonomia.

Em outros termos, a violência obstétrica na modalidade física é uma restrição da liberdade da mulher que consiste na violação do seu corpo, sem o seu consentimento, tais como realizar o procedimento de Amniotomia (que o é rompimento artificial da bolsa) pelo profissional de saúde. Há casos em que o profissional de saúde recorre ao procedimento de estourar a bolsa com alfinete ou qualquer outro instrumento, contudo, sem indicação, apenas para acelerar o trabalho de parto. Tal prática é realizada sem o consentimento da mulher.

Esclareço que romper a bolsa artificialmente nem sempre vai caracterizar violência obstétrica, pois, às vezes, pode haver indicação médica da realização da amniotomia quando houver a parada da progressão do trabalho de parto, ou seja, havendo a comprovação e anotação no prontuário da paciente e registro do partograma (que é o documento no qual é registrada toda a evolução do trabalho de parto), em que ficará comprovada a necessidade da conduta. Agora, romper a bolsa artificialmente a bel-prazer ou por voluntariedade da equipe de saúde e sem necessidade é violência obstétrica.

A OMS não recomenda que seja realizada a Amniotomia de forma precoce para prevenção de trabalho de parto prolongado, pois não há evidências claras de que os benefícios potenciais superam os danos potenciais.

O excesso de toque (procedimento consistente na introdução de 2 dedos na vagina para medir a dilatação) por si só não é caracterizado violência obstétrica, contudo, quando há excessos de toques e sem necessidades, é violência obstétrica.

É recomendado que seja realizado o toque em intervalos de 4 (quatro) horas em 4 horas, devendo ser anotado no partograma, não podendo haver a realização desse procedimento sem a devida necessidade.

A realização indiscriminada do toque pode configurar violência obstétrica. Já houve casos em que mulheres foram submetidas a 10 toques por médicos residentes de Obstetrícia e Ginecologia, transformando a mulher em mero objeto de estudo em prol da Medicina, o que verdadeiramente é um absurdo.

A OMS recomenda que as mulheres sem analgesia epidural sejam encorajadas à livre escolha de posições, incluindo as verticais.

Existem várias outras manobras que caracterizam a forma física da violência obstétrica; quero destacar aqui duas outras modalidades de violência obstétrica física ante a grande importância e pela incidência da prática nos hospitais públicos e privados: Manobra de Kristeller e Episiotomia.

2.1.1 Manobra de Kristeller

A manobra de Kristeller foi criada em 1867 pelo médico alemão Samuel Kristeller.

Essa manobra consiste em fazer pressão no fundo do útero da mulher em trabalho de parto, quando um profissional da saúde pressiona o abdômen da mulher, com muita força e, muitas vezes, ele sobe no abdômen, conforme mostra a Figura 1.

Figura 1 – Manobra de Kristeller

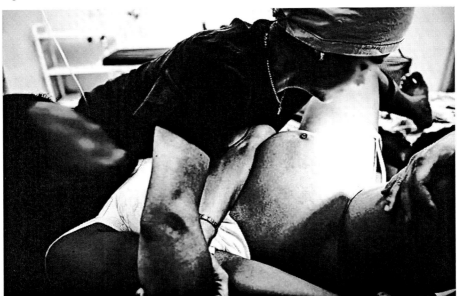

Fonte: Mães de Peito, 2016[3]

Contudo, não existem quaisquer evidências científicas de que essa manobra tenha resultados positivos para a mulher ou para o bebê, muito pelo contrário, pois, na mulher, pode quebrar as costelas e causar lacerações (lesões na vagina da mulher causadas devido à pressão no fundo do útero), o que pode fazer com que o feto seja expelido rápido.

Segundo a literatura médica e a Medicina Baseada em Evidências, tal manobra causa graves danos em bebês: aumento da probabilidade de um parto difícil com complicações relacionadas aos ombros do bebê (fratura de clavícula, trauma encefálico, descolamento do músculo esternocleidomastóideo, um músculo da face lateral do pescoço, na região ântero-lateral. É o principal flexor do pescoço); Paralisia de Erb — consequência de lesão nos nervos do plexo braquial que controlam os movimentos de ombros, braços e mãos; hipoxia, sofrimento para o feto com diminuição ou ausência de oxigênio necessário por meio da placenta; aumento da pressão intracraniana, cefalohematoma; e hemorragia intracraniais. Nesse sentido, estudos e consequências prováveis encontradas no Manual "Deixar de fazer manobras

---

[3] Disponível em: https://www.maesdepeito.com.br/justica-condena-hospital-e-plano-por-danos-causados-em-mae-apos-manobra-de-kristeller/. Acesso em: 18 fev. 2024.

de Kristeller: por que e como?", do Ministério da Saúde em parceria com a Fundação Oswaldo Cruz (Fiocruz). A revisão sistemática da Cochrane de ensaios clínicos não encontrou qualquer benefício da manobra de Kristeller para a mulher e o bebê (5 estudos; n = 3049).

O referido manual também elenca os danos e complicações quanto à realização dessa manobra que tanto prejudica as mulheres:

a. Dor abdominal persistente após o parto;

b. Escoriações abdominais;

c. Fratura de costela;

d. Lesões perineais (dois estudos de boa qualidade metodológica mostraram que a pressão sobre o fundo uterino é um fator de risco para trauma de esfíncter anal e lacerações de 3º grau);

e. Ruptura de baço;

f. Ruptura de fígado;

g. Ruptura de útero;

h. Trauma de pedículo tubo-ovariano.

Essa manobra não tem indicação para ser realizada, logo, é um procedimento desnecessário e inútil que pode causar graves danos e até mesmo ceifar vidas.

O Conselho Federal de Enfermagem, por meio do Parecer n.º 338/2016, proibiu a realização da Manobra de Kristeller, em que afirma, no corpo do parecer, citando a Diretriz Nacional de Assistência ao Parto Normal produzida pela Comissão Nacional de Tecnologias no SUS-CONITEC do Ministério da Saúde:

> Puxos e manobra de Kristeller "Não existem evidências de alto nível que comprove se o puxo dirigido ou orientado em mulheres sem anestesia peridural afeta os resultados. Não existem provas do benefício da manobra de Kristeller realizada no segundo período do parto e, além disso, existem algumas provas, ainda que escassas, de que tal manobra constitui um fator de risco de morbidade materna efetal, pelo que se considera que sua realização durante segunda etapa do parto deve ser limitada a protocolos de investigação desenhados para a avaliar sua eficácia e segurança para a mãe e o feto."

A própria Diretriz Nacional de Assistência ao parto normal afirma que

> [...] evidências qualitativas sobre o que é importante para as mulheres durante a assistência ao parto mostram que as mulheres querem se sentir no controle de seu processo de parto, com o apoio de uma equipe gentil, tranquilizadora e sensível às suas necessidades. Os profissionais de saúde devem evitar a imposição dos puxos direcionados às mulheres no segundo estágio do trabalho de parto, pois não há evidências de qualquer benefício com essa técnica.

Portanto, resta vedada a realização de manobra de Kristeller por profissionais da Enfermagem, e qualquer outro profissional de saúde que a fizer cometerá violência obstétrica.

Repito que, como é um procedimento que não tem comprovação científica de resultados positivos, todos os profissionais da saúde, médicos, fisioterapeutas etc., devem evitar a sua utilização, sob pena de serem responsabilizados nas esferas cível, penal e ético-administrativa, conforme decisão proferida pelo Tribunal de Justiça de São Paulo, que bem demonstra a ocorrência da Manobra de Kristeller:[4]

> APELAÇÃO CÍVEL. 1. Reparação de danos morais — Morte de nascituro — Inadequação de procedimento médico obstétrico — Indevido prolongamento de tentativas para a realização de parto normal, mediante emprego de manobra não recomendada pela literatura médica (denominada de Kristeller), que consiste na compressão manual do fundo uterino pelo obstetra, com a intenção de auxiliar os esforços maternos para a expulsão do feto — Demora na adoção do parto cesárea — Rompimento do útero da parturiente (rotura uterina) - Óbito do feto por anóxia neonatal grave, choque refratário e insuficiência renal aguda que deve ser atribuído à falha dos procedimentos médicos — Nexo de causalidade entre a conduta administrativa e o evento danoso — Quantum indenizatório reduzido, em vista dos critérios da razoabilidade e da proporcionalidade — Juros e correção — Contagem da data do sentenciamento — Procedência da ação — Reforma da sentença, mas apenas parcialmente. 2. Recurso provido, em parte.

---

4 (TJ-SP — APL: 00402354120088260224 SP 0040235-41.2008.8.26.0224, Relator: Osvaldo de Oliveira, Data de Julgamento: 31/10/2018, 12ª Câmara de Direito Público, data de publicação: 06/11/2018.

2.1.2 Episiotomia

Muitas mulheres foram e são submetidas a essa prática tão danosa à sua saúde sexual, psicológica e estética.

A episiotomia é uma incisão realizada no períneo da musculatura da vagina, em um ângulo de 45° graus em direção à perna direita ou em direção ao ânus, e tem por finalidade ampliar passagem para expelir o feto. Esse corte pode ser realizado pelo médico ou pelo enfermeiro obstetra.

Antes de 2018, no Brasil, era realizado esse procedimento de forma indiscriminada, ou seja, de forma rotineira pelos profissionais de saúde pelos hospitais. Após 2018, o Ministério da Saúde editou novas regras quanto à realização desse procedimento, elencando exigências para a realização da episiotomia, a qual apenas seria realizada de forma excepcional, devendo ser anotado no prontuário da paciente as razões da realização do procedimento, ora para salvar a vida da mulher, ora a vida do feto.

A realização da episiotomia sem necessidade e sem o consentimento da mulher é violência obstétrica e, muitas vezes, a mulher não autoriza o procedimento, isto é, nela é realizada uma incisão sem obediência à sua autonomia, o que é uma grande violação, fato que viola diretamente o art. 15 do Código Civil, que firma: "ninguém pode ser constrangido a submeter-se, com risco de vida, a tratamento médico ou a intervenção cirúrgica".

A Federação Brasileira das Associações de Ginecologia e Obstetrícia (Febrasgo) não recomenda a episiotomia rotineira e ressalta a importância de que, como todo procedimento cirúrgico, só seja realizada com o consentimento da parturiente, após a informação.

Já atendi muitas mulheres que só souberam da realização da episiotomia quando começaram a sentir desconforto, pois sequer foram informadas pela equipe médica acerca do procedimento.

Além da episiotomia causar desconforto e ardência, a região onde é realizada fica muito propícia a infeccionar, tem difícil cicatrização, conforme bem explica Varrone quando fundamenta a regulamentação do Ministério da Saúde quanto à utilização da episiotomia:

> O objetivo principal dessa regulamentação é impedir a episiotomia de rotina, ou seja, que a manobra médica seja realizada vulgarmente nos partos vaginais. A preocupação é a prevenção de infecção no local, dificuldade de cicatrização e prejuízo a saúde sexual feminina. Sem contar com

a possiblidade de contágio por bactérias, principalmente nos casos em que é realizada entre a vagina e o ânus, além da possibilidade de fibrose no local, o que acarretará dor no ato sexual e mudança na aparência da vagina (Souza, 2020, p. 65).

Veja que, diante dos grandes malefícios, a episiotomia dever ser evitada.

Em quase todas as minhas palestras sobre esse assunto, a maioria das mulheres que foram submetidas a esse procedimento reclama do abalo na saúde psicológica e na vida sexual. Não obstante, há casos em que o médico ou enfermeiro realiza o famoso "ponto do marido" na vagina, ou seja, esses profissionais de saúde têm a concepção de que após a incisão, a vagina não mais voltará ao tamanho normal, portanto, realiza um ponto a mais para deixar a vagina mais "apertadinha". Contudo, pela própria organicidade e elasticidade do corpo, a vagina volta ao tamanho normal, porém, muito mais comprimida, o que resulta em grande desconforto da mulher no ato sexual, sendo, às vezes, necessário ser submetida à cirurgia corretiva.

Veja, na Figura 2, como é feita a episiotomia.

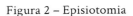
Figura 2 – Episiotomia

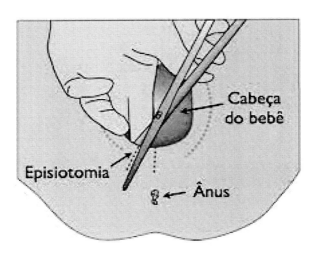

Fonte: Clinica Chazan, 2024[5]

---
[5] Disponível em: http://www.clinicachazan.com.br/gravidez/quando-a-episiotomia-e-necessaria/. Acesso em: 18 fev. 2024.

Episiotomia sem necessidade e sem o devido fundamento é uma mutilação do órgão feminino, acompanhada de grande dano estético!

O procedimento da episiotomia também pode causar perfuração do canal do reto (fístula reto-vaginal), o que acarreta necessidade de realização de colostomia e posterior cirurgia para reconstrução do trânsito intestinal. Portanto, além da ocorrência da violência obstétrica, pode haver erro médico, assim, o erro médico está dentro da violência obstétrica.

Figura 3 – Manobra de Kristeller

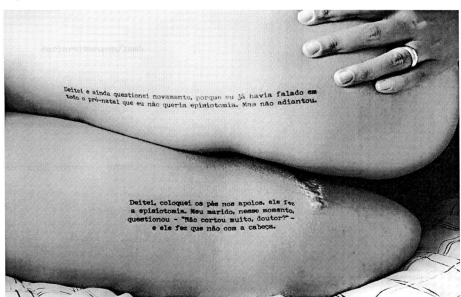

Fonte: Instituto Nascer, 2024[6]

Se a mulher disser que não quer que seja realizada a episiotomia, o profissional de saúde é obrigado a respeitar a sua vontade.

2.2. Violência obstétrica verbal

A violência obstétrica verbal é aquela em que a mulher gestante ou puérpera é submetida a tratamento vexatório, é humilhada, é vítima de

---

[6] Disponível em: https://institutonascer.com.br/episiotomia-de-rotina/. Acesso em: 18 fev. 2024.

chacotas pelos profissionais da saúde ou funcionários do hospital. É o tratamento grosseiro e agressivo quando das solicitações da mulher. Isso ocorre, por exemplo, quando a mulher é chamada de "nojenta" por profissionais da limpeza, recepção ou da segurança por defecar, urinar ou vomitar, uma vez que são processos naturais de ocorrer quando das dores do parto.

Outras frases, tais como "na hora de fazer, chorou?", "para de chorar, senão eu não vou te ajudar", "chora não que ano que vem você estará aqui de novo", "se ficar gritando vai fazer mal para o seu neném, seu neném vai nascer surdo", são geralmente ditas para as mulheres. Essas expressões têm grande impacto negativo no desenrolar do parto, pois uma vez que a mulher fica constrangida, sua produção da ocitocina natural será reduzida, acarretando a não progressão do trabalho de parto.

Avista-se o que afirmou o Tribunal de Justiça do Estado do Amazonas sobre a violência verbal[7] em recente decisão:

> A realização de chacotas e ironias com mulheres que buscam atendimento no pré-natal ou ao momento do parto configura violência obstétrica, sendo essa considerada "negação de tratamento durante o parto, humilhações verbais, desconsideração das necessidades e dores da mulher, práticas invasivas, violência física, uso desnecessário de medicamentos, intervenções médicas forçadas e coagidas, detenção em instalações por falta de pagamento, desumanização ou tratamento rude" entre outras causas.] O parto humanizado é direito fundamental e visa proteger a mulher durante a gestação, pré-parto e puerpério, bem como se destina à erradicação da violência obstétrica. As mulheres têm pleno direito à proteção no parto e de não serem vítimas de nenhuma forma de violência ou discriminação. E essa violência psicológica, tal como a sofrida pela Apelante, coloca a mulher em posição constrangedora e muitas vezes traumatizantes, não podendo sequer reagir em virtude da sua posição de submissão à necessidade do tratamento terapêutico.

Por fim, a violência obstétrica verbal corresponde a ser uma gestante ou parturiente tratada de forma agressiva, não empática, grosseira, zombeteira, ou de qualquer outra forma que a faça se sentir mal pelo tratamento recebido. Ademais, também são exemplos de violência obstétrica verbal fazer graça ou recriminar a parturiente por qualquer comportamento, como

---

[7] TJ-AM — AC: 0636103782014804001 AM 0636103-78.2014.8.04.0001, Relator: Joana dos Santos Meirelles, Data de Julgamento: 05/04/2021, Primeira Câmara Cível, data de publicação: 13/04/2021.

gritar, chorar, ter medo, vergonha ou ter dúvidas; fazer graça ou recriminar a mulher por qualquer característica ou ato físico, como obesidade, pelos, estrias, evacuação e outros; tratar a mulher de forma inferior, dando-lhe comandos e nomes infantilizados e diminutivos, tratando-a como incapaz.

2.3 Violência obstétrica psicológica/moral

A violência obstétrica psicológica/moral é aquela que está diretamente ligada ao emocional, ao psicológico da paciente, em que, por meio de conduta dos profissionais de saúde, eles expressam ameaças, mentiras e chantagens com a finalidade de que as mulheres gestantes aceitem suas sugestões, ora para determinado procedimento cirúrgico, tais como episiotomia e parto via cesárea, ora para imposição de posição de parir: de cócoras ou em posição litotomia (deitada de barriga para cima).

Assim dizendo, essas ameaças podem ser da seguinte forma: *"vamos fazer logo o parto via cesárea, senão o seu bebê pode ter problemas sérios, e se isso acontecer, a culpa é sua"*. Impor a aceleração do parto por meio de fármacos, tais como ocitocina sintética, entre outros, também é agir com ameaças, coações.

Essas são condutas que precisam ser evitadas, pois as mulheres já estão em estado de vulnerabilidade, fragilizadas e, na ação ou indução de tomada de decisão do profissional de saúde dessa forma, haverá uma quebra da fidúcia, respeito entre o profissional da saúde e a paciente. Nesse sentido, Vasconcelos (2020) afirma que

> A partir do que se tem visto, ambos os sentidos de vulnerabilidade são condizentes com a discussão acerca da problemática envolvendo a assimetria na relação, na medida em que tanto é possível, adjetivar-se a condição do paciente como vulnerável devido a constatação de poder do médico como sobrelevado na relação, quanto é possível notar-se que, independentemente, sua verificação social enquanto autônomo e senhor de suas decisões civis, ao paciente persiste a substância de vulnerável como intrínseca à sua condição humana, o que enseja que se mantenha uma relação de cuidado, fidúcia e zelo entre médico e pacientes. (Vasconcelos, 2020, p. 81).

Veja-se que o Código Penal Brasileiro capitula o que é violência psicológica como crime, o que é perfeitamente aplicável aos casos de violência obstétrica, como causar dano emocional que prejudique a mulher e perturbe seu pleno desenvolvimento, ou que vise degradar ou controlar suas ações, comportamentos, crenças e decisões mediante ameaça, constrangimento, humilhação, manipulação, isolamento, chantagem, ridicularização, limitação do direito de ir e vir ou qualquer outro meio que cause prejuízo à sua saúde psicológica e autodeterminação, estando o infrator sujeito à pena de reclusão de 6 meses a 2 anos e, multa, se a conduta não constitui crime mais grave.

2.4 Violência obstétrica sexual

Recentemente, em um hospital no Estado do Rio de Janeiro, uma mulher parturiente anestesiada foi abusada sexualmente pelo médico anestesiologista. Em cenas fortes, o médico foi gravado introduzindo o seu órgão genital masculino na boca da paciente, estando ela completamente dopada do efeito de anestesia, com as doses aumentadas propositadamente pelo médico para que se aproveitasse completamente do estado indefeso e de fragilidade da mulher para cometer as grandes atrocidades.

Veja-se também que o próprio Ministério Público Federal reconheceu ser a violência obstétrica uma forma de violência sexual. Se a mulher está sob o efeito da anestesia e for violentada sexualmente, estar-se-á diante de um crime de estupro de vulnerável, nos termos do art. 217-A do Código Penal, que trata do estupro de vulnerável, que é aquele crime concernente a ter conjunção carnal ou praticar outro ato libidinoso com menor de 14 (quatorze) anos. Veja que o parágrafo 1º do referido artigo estende o estupro de vulnerável para pessoas com enfermidade ou deficiência mental, as quais não têm o necessário discernimento para a prática do ato, ou que, por qualquer outra causa, não podem oferecer resistência, que é caso da violência obstétrica sexual.

2.5 Excesso de medicação

Eis uma grande questão enfrentada pelas mulheres gestantes e em trabalho de parto, posto que ora a medicação é negada como alívio da dor, ou seja, a paciente implora ao seu médico que seja prescrita alguma analgesia, mas o profissional não a ouve, fica inerte e deixa a mulher sofrendo, ora o profissional de saúde, por questões próprias, aplica medicação na mulher, única e exclusivamente para acelerar o trabalho de parto, sem quaisquer indicações.

Quando a mulher em trabalho de parto solicita ao médico que lhe seja aplicada alguma medicação/analgesia para dor, deve o profissional de saúde esclarecer à paciente que a analgesia vai interferir no processo de parto, ou seja, vai desnaturalizar o parto: consiste em uma patologização do parto, o que é negativo para o feto, caso o parto esteja progredindo bem. Contudo, em razão da autonomia da mulher, após o esclarecimento, o médico deve atender ao seu pedido, sob pena da negativa ser uma violência obstétrica.

Discutirei a respeito dos principais medicamentos utilizados como forma de acelerar o parto. Porém, é preciso ter em mente que sem a devida indicação, tal prática caracteriza uma violência obstétrica.

A ocitocina sintética é um hormônio já produzido naturalmente pela mulher, ao qual costumamos chamar de hormônio do amor. Mas quando o médico administra na mulher esse hormônio sintético sem necessidade, há por consequência o aumento das contrações, isto é, o hormônio potencializa o trabalho de parto, o que causará muitas dores nas mulheres. Assim, a prescrição nas mulheres sem necessidade é violência obstétrica!

Veja que o hormônio da ocitocina sintética pode ser administrado nas mulheres gestantes e em trabalho de parto desde que haja parada do progresso de trabalho de parto. Então, para ficar bem claro, se houver parada da progressão do parto, poderá ser administrada a ocitocina sintética, mas se o parto está fluindo normalmente e houver a administração desse hormônio, é indevido!

A ocitocina aplicada para induzir o parto causa:

- Indução ou aumento de contrações do útero (trabalho de parto);
- Correção de contrações lentas (inércia uterina) durante o trabalho de parto;
- Trata o abortamento espontâneo incompleto, inevitável ou retido.
- No pós-parto:
- Ajuda nas contrações do útero durante a cesariana depois da retirada da criança;
- Previne e trata sangramento, caso não haja contração forte o suficiente do útero depois da retirada da criança.
- Consta da bula que a ocitocina sintética não deve ser usada quando:
- A paciente apresenta alergia (hipersensibilidade) à ocitocina ou a qualquer um dos componentes da formulação (vide item Composição);

- Se o médico achar que a indução ou o aumento das contrações seria inadequado para a paciente. Por exemplo:
  o Se a paciente já apresentou contrações fortes incomuns (hipertônicas);
  o Se o bebê estiver com falta de oxigênio (sofrimento fetal) e o parto não for iminente;
  o Se o médico não aconselhar o parto normal e/ou parto vaginal.
- Caso haja motivos por parte da mãe ou do feto para o parto por cesariana. Por exemplo:
  o Se a cabeça do bebê for muito grande para passar pela pélvis (desproporção céfalo-pélvica);
  o Se o bebê estiver posicionado de forma incorreta no canal do nascimento (má apresentação);
  o Se a placenta estiver posicionada próxima ou sobre o colo do útero (placenta prévia);
  o Se o bebê estiver sem oxigênio em decorrência de vasos sanguíneos que estão atravessando o seu colo uterino (vasa prévia);
  o Se a placenta se separar do útero antes do nascimento do bebê (abrupção);
  o Se houver uma ou mais voltas do cordão umbilical entre o bebê e o colo uterino antes da ruptura da bolsa de água (apresentação do cordão umbilical) ou após isso (prolapso do cordão umbilical);
  o Se o útero estiver distendido e mais propenso a se romper (ruptura), por exemplo, se a paciente estiver esperando mais de um bebê (gestação múltipla) ou houver água em demasia (líquido amniótico) no seu útero (polihidrâmnios);
  o Se a paciente teve cinco ou mais gestações anteriores (grande multiparidade) ou se houver cicatriz no seu útero em decorrência de cesariana anterior ou outra cirurgia;
  o Se a paciente estiver fazendo uso de medicamentos denominados prostaglandinas (usados para provocar [induzir] o trabalho de parto ou para tratar úlceras estomacais). A ocitocina não deve

ser administrada por 6 horas após o uso de prostaglandinas vaginais, uma vez que os efeitos dos dois medicamentos podem ser aumentados[8].

O misoprostol é um medicamento utilizado para indução do trabalho de parto, interrupção da gravidez, em gestações a termo ou próximas ao termo e na indução de parto com feto morto, também sendo utilizado em casos de aborto legal.

Assim, para indução do trabalho de parto, o profissional de saúde pode iniciar a indução do parto iniciando com 2 (dois) comprimidos de Misoprostol 25 mcg (total 50 mcg), aguardando 6 horas e, caso não haja resposta, aumentando a dose para 4 (quatro) comprimidos de Misoprostol 25 mcg (total 100 mcg) ou 1 (um) comprimido de Misoprostol 100 mcg.

Dessa forma, esse medicamento, conforme as orientações constantes na bula[9], provoca mudanças na estrutura físico-química do útero, acarretando, como consequência, amolecimento, apagamento e maturação do colo uterino, favorecendo a sua dilatação, além de promover e estimular a contração miometrial.

O medicamento misoprostol (2020, p. 2), tem os seguintes efeitos colaterais:

> Dor abdominal discreta na maioria dos pacientes, diarreia (dose-dependente), flatulência, náuseas, vômitos, fadiga, cefaleia, febre, calafrios, sangramento prolongado e abundante que depende da idade gestacional, sendo mais frequente na apresentação de 200mcg. Estes efeitos tendem a diminuir nas primeiras horas após a eliminação do feto, podendo se prolongar por 24 a 48 horas. Entretanto, a administração de dose tão baixa como a contida na apresentação (25mcg), e aplicada por via vaginal, é muito bem tolerada e raras vezes provoca os efeitos descritos acima (grifo do original).

O medicamento misoprostol só pode ser administrado na mulher quando de fato houve parada da progressão do parto, mas tal decisão deve ser comunicada à mulher. E repito: o uso de forma indiscriminada e tão somente para acelerar o parto é uma violência obstétrica.

Existem vários outros fármacos para indução do parto, como a Orastina, mas limito-me aos dois medicamentos elencados, porém, dei-

---

[8] Vide bula, consultada em: https://www.bulas.med.br/p/bulas-de-medicamentos/bula/4625/ocitocina.htm.

[9] Disponível em: https://consultaremedios.com.br/misoprostol/bula.

xando claro que a administração de quaisquer outros medicamentos sem a devida necessidade e sem a prestação da informação à mulher caracteriza violência obstétrica.

Para embasar o que foi dito anteriormente, veja decisão do Tribunal de Justiça de São Paulo.

> Responsabilidade dos hospitais por erro médico. Associação indevida de medicamentos indutores de parto (Ocitocina e Misoprostol). Choque anafilático apontado como causa da histerectomia na parturiente e da paralisia cerebral na menor falta de diligência dos profissionais — Culpa caracterizada Dever de indenizar - Danos materiais reconhecidos apenas para a menor Apuração em liquidação de sentença. Danos morais fixados em R$ 50.000,00 para cada autora — Recurso parcialmente provido à responsabilidade civil dos hospitais pelos atos praticados por seus profissionais depende da prova de culpa. A prova pericial apontou que foram ministrados dois medicamentos indutores de parto Ocitocina e Miso-prostol —, cuja associação não é recomendada pela bula do medicamento Prostokos. Consta dos laudos periciais que a aludida associação deu causa ao choque anafilático sofrido pela parturiente, tendo como consequências a remoção do útero da mãe e a paralisia cerebral da filha. Tais constatações revelam que os profissionais do hospital não agiram com diligência em relação aos aludidos medicamentos, cuja associação é contraindicada. Assim, está caracterizada a negligência e a imprudência dos profissionais que participaram do parto e, por consequência, configurada a responsabilidade civil do hospital, de acordo com os artigos 932, inciso III e 933 do Código Civil. Como há possibilidade de o próprio hospital fornecer o tratamento médico de que necessita a autora, a apuração dos danos materiais deve ocorrer em fase de liquidação de sentença, especificamente em relação aos serviços que o hospital não puder oferecer à autora de forma gratuita, com base nas despesas apontadas pela autora. No que diz respeito à mãe, só há que falar em indenização por incapacidade laborativa se da ofensa resultar defeito pelo qual o ofendido não possa exercer o seu ofício ou profissão, ou se lhe diminua a capacidade de trabalho. Sopesadas as peculiaridades do caso concreto, sobretudo a extensão dos danos (a remoção do útero da mãe e a paralisia cerebral da filha, cujos efeitos são permanentes) e a situação socioeconômica do hospital (entidade sem fins lucrativos), a hipótese

é de fixação dos danos morais em R$ 50.000,00 para cada uma das autoras. (TJ-SP — APL: 308647420078260196 SP 0030864-74.2007.8.26.0196, Relator: Jesus Lofrano, Data de Julgamento: 31/07/2012, 3ª Câmara de Direito Privado, data de publicação: 01/08/2012, grifo meu).

2.6 Violência obstétrica institucional

Essa modalidade de violência obstétrica, como o próprio nome diz, refere-se à negligência de atendimento da mulher gestante nas instituições de saúde, à não vinculação da gestante desde o pré-natal a uma maternidade e à precariedade dos serviços e péssima estrutura.

Gomes (2014) aponta que a violência institucional é

> A violência institucional é aquela exercida pelos próprios serviços públicos, por ação ou omissão, e o poder abusivo do Estado concretiza-se nestes espaços (GOFFMAN, 1963). Tem como características contribuir para a ordem social injusta, podendo ser identificada de várias formas: peregrinação por diversos serviços até receber atendimento; falta de escuta e de tempo para a clientela; frieza, rispidez, falta de atenção, negligência e maus-tratos dos profissionais com os usuários, motivados por discriminação, abrangendo idade, orientação sexual, deficiência física, gênero, racismo, doença mental; violação dos direitos reprodutivos(discrição das mulheres em decurso de abortamento, aceleração do parto para liberar leitos, preconceitos acerca dos papéis sexuais e em relação às mulheres soropositivas para o HIV, quando estão grávidas ou tencionam engravidar; desqualificação do saber prático, da experiência de vida, diante do saber científico. (Gomes, 2014, p. 138).

A Lei n.º 11.634, de 27 de dezembro de 2007 (Brasil, 2007), que dispõe sobre o direito da gestante, o conhecimento e a vinculação à maternidade na qual receberá assistência no âmbito do SUS, deixa claro no art. 1º.

> Art. 1º Toda gestante assistida pelo Sistema Único de Saúde — SUS tem direito ao conhecimento e à vinculação prévia à:
>
> I — maternidade na qual será realizado seu parto;
>
> II — maternidade na qual ela será atendida nos casos de intercorrência pré-natal.

§ 1º A vinculação da gestante à maternidade em que se realizará o parto e na qual será atendida nos casos de intercorrência é de responsabilidade do Sistema Único de Saúde e dar-se-á no ato de sua inscrição no programa de assistência pré-natal.

§ 2º A maternidade à qual se vinculará a gestante deverá ser comprovadamente apta a prestar a assistência necessária conforme a situação de risco gestacional, inclusive em situação de puerpério.

A maternidade à qual a gestante estiver vinculada dever estar apta a prestar a assistência necessária, conforme a situação de risco gestacional, inclusive em situação de puerpério. Por vezes, a violência obstétrica institucional dá-se em razão da própria estrutura da maternidade, bem como por regras estabelecidas pelo gestor da unidade em total dissonância com os direitos das gestantes. Tais regras dizem respeito a determinações de que em tal unidade só se faz parto por cirurgia cesariana, de que o trabalho de parto é induzido até a mulher não mais suportar, ou de que a mulher deve ficar em posição de litotomia etc.

Para autora citada, a violência institucional é inconciliável com os Direitos Humanos, os quais asseveram uma sociedade que respeita plenamente a dignidade da pessoa humana e são afirmados na Constituição Federal e na Declaração Universal dos Direitos Humanos (DUDH), e, portanto, cabe ao Estado zelar por sua garantia. Assim, o primeiro artigo da declaração destaca: "todos os seres humanos nascem livres e iguais em dignidade e direitos. São dotados de razão e consciência e devem proceder uns em relação aos outros com espírito de fraternidade".

2.7 Esterilização feminina sem consentimento

A Constituição da família é garantida pela Constituição da República Federativa do Brasil, na qual se afirmou que a família é a base da sociedade, com especial atenção pelo Estado.

Resta assegurado também o planejamento familiar fundado nos princípios da dignidade da pessoa humana e da paternidade responsável. O planejamento familiar é livre decisão do casal, competindo ao Estado propiciar recursos educacionais e científicos para o exercício desse direito, vedada qualquer forma coercitiva por parte de instituições oficiais ou privadas.

Segundo a Lei n.º 9.263/1996 (Brasil, 1996), a esterilização é permitida quando em homens e mulheres com capacidade civil plena e maiores de 21 (vinte e um) anos de idade ou, pelo menos, com 2 (dois) filhos vivos, desde que observado o prazo mínimo de 60 (sessenta) dias entre a manifestação da vontade e o ato cirúrgico, período no qual será propiciado à pessoa interessada acesso a serviço de regulação da fecundidade, inclusive aconselhamento por equipe multidisciplinar, com vistas a desencorajar a esterilização precoce. A esterilização também é permitida quando há risco à vida ou à saúde da mulher ou do futuro concepto, testemunhado em relatório escrito e assinado por dois médicos.

E veja-se que quanto à realização da esterilização, deve haver o termo de consentimento informado, conforme adiante será tratado, expressada a manifestação da vontade em documento escrito e firmado, após a informação a respeito dos riscos da cirurgia, possíveis efeitos colaterais, dificuldades de sua reversão e opções de contracepção reversíveis existentes.

O art. 10, parágrafo 2º da Lei n.º 9.263/1996 (Brasil, 1996), ainda deixa claro que a esterilização cirúrgica em mulher durante o período de parto será garantida se observado o prazo mínimo de 60 (sessenta) dias entre a manifestação da vontade e o parto e as devidas condições médicas.

A esterilização cirúrgica feminina e masculina como método contraceptivo somente será executada por meio da laqueadura tubária, vasectomia ou de outro método cientificamente aceito, sendo vedada por intermédio da histerectomia (remoção do útero) e ooforectomia (retirada dos ovários).

Recentemente, houve alteração da Lei n.º 9.263/1996 (Brasil, 1996) pela Lei n.º 14.443/2023 (Brasil, 2023), extinguindo a obrigatoriedade do consentimento do homem quando da manifestação da mulher em proceder à esterilização. Esse foi um importante avanço dos direitos das mulheres, pois a mulher tem autonomia para decidir sobre seu corpo e seus processos reprodutivos. Era inaceitável, em pleno século XXI, a mulher depender de autorização do esposo para ser submetida à esterilização.

A grande questão sobre a esterilização feminina e que é uma forma de violência obstétrica, especificamente quando o médico realiza a esterilização na mulher sem o seu consentimento, ao bel-prazer do médico. Isso ocorre, muitas vezes, simplesmente porque o médico percebe que aquela mulher já tem muitos filhos ou tem idade avançada. Feita a esterilização feminina nessa condição compulsória, estamos diante de um caso de violência obstétrica, pois se trata de uma mutilação de órgãos e crime de lesão corporal.

Veja as decisões do Poder Judiciário Brasileiro quanto à realização de esterilização feminina sem o consentimento da mulher, caracterizando violência obstétrica.

Apelação. Responsabilidade civil. Ação de indenização por danos morais decorrentes da realização de laqueadura das trompas da paciente sem seu consentimento. Prescrição. Incidência do prazo quinquenal previsto no art. 27 do CDC. Defeito na prestação do serviço médico. Termo inicial que corresponde à data em que a autora teve ciência da realização do procedimento, na medida em que o ilícito que gera a pretensão reparatória é a submissão da paciente à laqueadura sem seu consentimento informado. A partir do momento em que a autora soube da laqueadura não autorizada, já podia exigir dos réus o desfazimento da cirurgia ou a reparação pecuniária na impossibilidade desse desfazimento, nos termos do art. 251 do CC. Prescrição consumada. Sentença mantida por fundamento diverso. Recurso improvido. (TJ-SP — AC: 40008744420138260362 SP 4000874-44.2013.8.26.0362, Relator: Hamid Bdine, Data de Julgamento: 12/05/2016, 4ª Câmara de Direito Privado, data de publicação: 13/05/2016, grifo meu).

AÇÃO CIVIL PÚBLICA — Pretensão do Ministério Público voltada a compelir o Município a realizar cirurgia de laqueadura em dependente química — Legitimidade ativa "ad causam" delineada na espécie – Incidência do disposto nos arts. 127, parte final, e 129 da CF — Acolhimento pronunciado em primeiro grau que, todavia, não pode subsistir — Inadmissibilidade, diante do ordenamento jurídico pátrio, da realização compulsória de tal procedimento — Pleno e autônomo consentimento não manifestado pela requerida aos órgãos da rede protetiva — Interdição judicial, outrossim, que não foi decretada a qualquer tempo — Lei nº 9.263/96 que limita até mesmo a esterilização voluntária (v. art. 10) — Apelo da Municipalidade provido. (TJ-SP — AC: 10015215720178260360 SP 1001521-57.2017.8.26.0360, Relator: Paulo Dimas Mascaretti, Data de Julgamento: 23/05/2018, 8ª Câmara de Direito Público, data de publicação: 25/05/2018).

O Tribunal de Justiça do Estado do Rio Grande do Sul[10] proferiu decisão afirmando que o procedimento de laqueadura tubária exige consentimento prévio da paciente.

---

[10] [...] VIOLÊNCIA OBSTÉTRICA. LAQUEADURA TUBÁRIA REALIZADA SEM CONSENTIMENTO. INOBSERVÂNCIA DAS FORMALIDADES LEGAIS EXIGIDAS PARA PROCEDIMENTO DE ESTERILIZA-

VIOLÊNCIA OBSTÉTRICA

O poder de disposição sobre o próprio corpo é direito de personalidade, e a paciente detém autonomia para o seu exercício, na forma do art. 15 do Código Civil Brasileiro. Assim, a realização de esterilização feminina sem consentimento da mulher é violência obstétrica, sendo referida conduta indenizável, além de ser lesão corporal.

ÇÃO. DANO MORAL DEVIDO. A responsabilidade civil dos estabelecimentos hospitalares e demais instituições de saúde é de natureza objetiva, regida pelo Código de Defesa do Consumidor, porquanto se enquadram no conceito de prestadores de serviço. Contudo, para que haja a responsabilização do estabelecimento hospitalar por erro do profissional médico, necessária a demonstração de uma conduta negligente, imprudente ou imperita que tenha produzido o resultado danoso ao paciente. Por sua vez, a responsabilidade civil do médico, enquanto profissional liberal prestador de serviço, é subjetiva, nos termos do art. 14, § 4 do Código de Defesa do Consumidor, sendo, portanto, necessária a verificação do agir culposo na conduta causadora do dano. A lesão denominada tocotraumatismo, que ocorre no procedimento de cesariana, decorre do esforço realizado no momento do parto. Ausência de imperícia médica. Manutenção do juízo de improcedência. O procedimento de laqueadura tubária exige consentimento prévio do paciente. O poder de disposição sobre o próprio corpo é direito de personalidade e o paciente detém autonomia para o seu exercício, na forma do artigo 15 do CCB. A intervenção médica sem prévio consentimento somente é admissível nos casos de risco iminente de morte, e exceto nesse caso, é vedado ao médico deixar de obter o consentimento do paciente ou de seu representante legal, nos termos do que dispõe o artigo 22 do Código de Ética Médica, Resolução 2.217/18, do Conselho Federal de Medicina. Realizada a laqueadura sem prévio consentimento da paciente o médico infringe dever ético e ofende o direito de personalidade da paciente, praticando ato de esterilização. A existência de risco em futura gestação não se caracteriza como risco iminente, e não se constitui em consentimento informado a simples declaração do esposo da paciente de que o casal não pretenderia ter mais filhos (TJ-RS — AC: 70084029032 RS, Relator: Denise Oliveira Cezar, Data de Julgamento: 18/03/2021, Sexta Câmara Cível, data de publicação: 19/08/2021).

CAPÍTULO 3

OS PRINCÍPIOS DA BIOÉTICA PRINCIPIALISTA APLICADOS À VIOLÊNCIA OBSTÉTRICA

Breve conceituação da Bioética

De forma literal, a Bioética é a ética da vida, uma ciência que abrange várias outras áreas do saber concernentes ao entendimento do dilema da vida, do viver em sociedade. Assim, a Bioética é uma ciência interdisciplinar, pautada na interculturalidade, diálogos em uma busca incessante do viver ético, abrangendo o meio ambiente, a Filosofia, Sociologia, a Antropologia, a Medicina e o Direito.

Como bem afirma a Maluf (2020, p. 18), a Bioética busca o consenso moral entre as grandes questões da contemporaneidade, tais como fertilização *in vitro*, aborto, clonagem, eutanásia, transgêneros e pesquisas com células troncos.

A Bioética ganhou autonomia a partir da década de 1970, mas claro que obteve ascendência com grandes éticas advindas da Segunda Guerra Mundial, momento em que seres humanos foram submetidos a experimentos, como se fossem mercadorias em prol da evolução da ciência, sem consentimento e autorização; ao grande massacre de seres humanos, em especial de judeus; e ao grande desenvolvimento tecnológico (bomba atômica, armamento bélico) potencialmente devastador, que dizimou dezenas de seres humanos.

O clássico bioquímico oncologista Van Potter, autor da obra *Bioética, uma ponte para o futuro,* bem elencou a importância da Bioética para soluções de dilemas da sociedade, pois ante a sua interdisciplinaridade, a Bioética é, de fato, uma ponte para o futuro, um olhar futurista.

Diante das atrocidades cometidas com seres humanos, no ano de 1974, foi iniciado o relatório de Bolmont pela National Commission for the Protection of Human Subjects of Biomedical and Behavioral Research (NCPHSBBR), concluído em 1978, com atrasos devidos à complexidade do tema proposto e às discussões que surgiram entre os membros da Comissão acerca de qual seria a melhor estratégia a ser seguida. Uma proposta era a de elaborar documentos temáticos, abordando pequenos grupos vulneráveis ou situações peculiares de pesquisa; outra era a proposta de elaborar um documento abrangente e doutrinário, como de fato acabou ocorrendo.

O relatório de Belmont sistematizou os princípios do respeito às pessoas, o princípio da beneficência e o princípio da justiça, afirmando a importância da autodeterminação das pessoas para consentir quanto a serem submetidas a tratamento médico interventivo, medicamentoso, cirúrgico ou pesquisa.

Em meados da década de 1980, os pesquisadores norte-americanos bioeticistas, Beauchamps e Childress, cunharam a Bioética Principialista, pautada em princípios bioéticos que devem ser respeitados na relação entre médico e paciente, tais como: princípio da Autonomia, princípio da Beneficência, princípio da não Maleficiência e princípio da Justiça, os quais serão explicados e aplicados à violência obstétrica.

Em outubro de 2005, a Organização das Nações Unidas para a Educação, a Ciência e a Cultura (Unesco) aprovou a Declaração Universal sobre Bioética e Direitos Humanos, na qual foram elencados os princípios que norteiam e que são aplicados ao Direito Médico e da Saúde e à violência obstétrica, comprometendo-se os Estados-membros e a comunidade internacional a respeitar tais princípios, em especial da dignidade humana e os direitos humanos, a autonomia e a responsabilidade social, o consentimento, a beneficência, o respeito pela vulnerabilidade humana, entre outros.

Nas palavras Maluf (2020, p. 20),

> A Bioética é um produto da sociedade do bem-estar pós--industrial e da expansão dos direitos humanos da terceira geração, que marcaram a transição do Estado de direito para o Estado de justiça, visando a promoção da macrobioética e da responsabilidade frente à preservação da vida em sua mais ampla magnitude.

Feita essas considerações, partimos para a conceituação de cada princípio e a devida aplicação, por meio de exemplos, nas condutas que caracterizam a violência obstétrica.

3.1 Princípio da autonomia da paciente

Esse princípio bioético está presente no Relatório de Belmont, bem como na Declaração Universal de Bioética e Direitos Humanos, sendo sistematizado por Beauchamps e Childress. Com a Bioética Principalista, vem a significar a autodeterminação, o autogovernar-se do paciente, ditando que toda e qualquer intervenção médica pressupõe a anuência do paciente.

Esse princípio está intrinsecamente ligado à liberdade do paciente, pois esse é dono de si e tem o poder de aceitar ou não determinada conduta médica, pois o fato de ser o médico o detentor do conhecimento técnico não sobrepõe a sua vontade à do paciente. O que é melhor para o médico, às vezes, não é para o paciente, que deve ter respeitada a sua vontade, individualidade, anseios, cultura, filosofia de vida e crenças.

O princípio da autonomia do paciente está em sintonia com a Constituição da República Federativa do Brasil, conforme previsão do art. 5º, inciso II, em que ninguém é obrigado a fazer ou deixar de fazer algo senão em virtude de lei.

Desde logo, alerto que nenhum direito é absoluto, pois se a paciente optar por tal procedimento e, no decorrer, houver complicações emergenciais, como sofrimento fetal, compete ao médico agir prontamente para salvaguardar a vida ora do feto, ora da gestante, estando autorizado a não cumprir a vontade da paciente, em obediência ao princípio da beneficência.

As mulheres gestantes, em franco trabalho de parto e no período puerpério, experienciam constantemente a sua autonomia violada, não são vistas como sujeitos autônomos, que têm o direito de opinar e exigir o que lhes for melhor. Por exemplo, pense nessa situação: uma mulher, desde o pré-natal, registrou uma diretiva antecipada de vontade, informando que o seu parto fosse realizado via cirurgia cesariana. Porém, a equipe de saúde e o seu médico, em completo desrespeito à sua vontade, induzem o trabalho de parto dessa mulher, sendo ela submetida a horas de dores, à administração de ocitocina e, para piorar a situação, à episiotomia. Esse é um completo desrespeito do direito da paciente e uma violência obstétrica, pois, por mais que seja a cirurgia cesariana mais invasiva, compete ao médico apenas alertar a paciente dos riscos e realizar o procedimento, pois o corpo é da mulher e cabe a ela decidir.

Vale registrar que, com o nascimento da Bioética, atualmente a relação médico-paciente é horizontal, não havendo mais o que se falar sobre o médico agir impondo a sua vontade, de forma vertical, como há muito tempo se imperou no paternalismo médico. O médico não é mais um semideus!

Para Albuquerque (2020, p. 18), que bem ilustra esse princípio, tem-se que

No âmbito dos cuidados em saúde e do Direito do Paciente, tradicionalmente, os cuidados foram providos com base na ideia de que o médico sabe o que é melhor para o paciente. Em resposta a essa concepção tradicional, autonomia do paciente e o seu respeito se tornaram questões centrais da Bioética Clínica, e consequentemente, o Princípio do Respeito, à Autonomia ganhou um amplo espaço na ética aplicada aos cuidados em saúde. Esse princípio impõe o respeito à tomada de decisão do paciente acerca de seus cuidados em saúde. Desse modo, contemporaneamente, na Bioética Clínica, se reconhece que o paciente tem o direito de não apenas tomar decisões, mas também de ser envolvido proativamente nas ações reativas à sua saúde e que o desrespeito desse direito pode ser caracterizado como uma violação à sua integridade física. Desse modo, verifica-se uma mudança da hegemonia do modelo paternalista na direção de um modelo em que o paciente é envolvido proativamente na tomada de decisão. Não obstante essa mudança, ainda são frequentes os relatos de tratamento e interações coercitivos e de uso de excessivo de medicação, o que impacta negativamente a aderência do paciente ao tratamento e o seu engajamento na tomada de decisão.

Perceba o quanto as mulheres são desrespeitadas no processo de dar à luz e, lamentavelmente, tenho a impressão de que os agentes de saúde se aproveitam do estado de vulnerabilidade e fragilidade para violar os seus direitos.

A autonomia tem por base também a recusa do tratamento: a recusa terapêutica.

Dantas e Coltri (2022) trazem considerações importantes acerca da autonomia da paciente do ponto de vista da filosofia de John Loke, que pugnava pelo direito à proteção contra intervenções médicas não consentidas, e do filosofo Kant, que considerava a autonomia como o mais importante aspecto do ser humano — a vontade. Além disso, afirma que a autonomia é autorregulação, que requer a tomada de atitudes de acordo com as próprias convicções.

A Declaração Universal de Bioética e Direitos Humanos afirma que deve ser respeitada a autonomia dos indivíduos para tomar decisões, quando possam ser responsáveis por essas decisões e respeitem a autonomia dos demais. Devem ser tomadas medidas especiais para proteger direitos e interesses dos indivíduos não capazes de exercer autonomia.

No Brasil, há o Código de Ética Médica (CEM), Resolução do Conselho Federal de Medicina de n.º 2.217/2018, que elenca normas deontológicas do agir do médico e, em relação à autonomia do paciente, os seguintes artigos afirmam ser vedado ao médico:

Art. 13. Deixar de esclarecer o paciente sobre as determinantes sociais, ambientais ou profissionais de sua doença.

Art. 14. Praticar ou indicar atos médicos desnecessários ou proibidos pela legislação vigente no país.

Art. 20. Permitir que interesses pecuniários, políticos, religiosos ou de quaisquer outras ordens, do seu empregador ou superior hierárquico ou do financiador público ou privado da assistência à saúde, interfiram na escolha dos melhores meios de prevenção, diagnóstico ou tratamento disponíveis e cientificamente reconhecidos no interesse da saúde do paciente ou da sociedade.

Art. 22. Deixar de obter consentimento do paciente ou de seu representante legal após esclarecê-lo sobre o procedimento a ser realizado, salvo em caso de risco iminente de morte.

Art. 23. Tratar o ser humano sem civilidade ou consideração, desrespeitar sua dignidade ou discriminá-lo de qualquer forma ou sob qualquer pretexto.

Art. 24. Deixar de garantir ao paciente o exercício do direito de decidir livremente sobre sua pessoa ou seu bem-estar, bem como exercer sua autoridade para limitá-lo.

Art. 25. Deixar de denunciar prática de tortura ou de procedimentos degradantes, desumanos ou cruéis, praticá-las, bem como ser conivente com quem as realize ou fornecer meios, instrumentos, substâncias ou conhecimentos que as facilitem.

Art. 26. Deixar de respeitar a vontade de qualquer pessoa considerada capaz física e mentalmente, em greve de fome, ou alimentá-la compulsoriamente, devendo cientificá-la das prováveis complicações do jejum prolongado e, na hipótese de risco iminente de morte, tratá-la.

Art. 31. Desrespeitar o direito do paciente ou de seu representante legal de decidir livremente sobre a execução de práticas diagnósticas ou terapêuticas, salvo em caso de iminente risco de morte.

Art. 32. Deixar de usar todos os meios disponíveis de promoção de saúde e de prevenção, diagnóstico e tratamento de doenças, cientificamente reconhecidos e a seu alcance, em favor do paciente.

Art. 42. Desrespeitar o direito do paciente de decidir livremente sobre método contraceptivo, devendo sempre esclarecê-lo sobre indicação, segurança, reversibilidade e risco de cada método.

Os artigos transcritos reforçam a importância de o médico obedecer a autonomia da paciente, a dignidade como um direito humano, de fundamental importância para promover a saudável relação médico-paciente, que deve se pautar no respeito. Assim, os atos de violência obstétrica são um grande despeito às normas éticas, constitucionais e internacionais de direitos humanos, devendo ser rechaçados.

O Código de Ética da Enfermagem, Resolução Cofen n.º 564/2017, também tem artigos que dão azo à autonomia da paciente.

Art. 36 Registrar no prontuário e em outros documentos as informações inerentes e indispensáveis ao processo de cuidar de forma clara, objetiva, cronológica, legível, completa e sem rasuras.

Art. 38 Prestar informações escritas e/ou verbais, completas e fidedignas, necessárias à continuidade da assistência e segurança do paciente.

Art. 40 Orientar à pessoa e família sobre preparo, benefícios, riscos e consequências decorrentes de exames e de outros procedimentos, respeitando o direito de recusa da pessoa ou de seu representante legal.

Art. 41 Prestar assistência de Enfermagem sem discriminação de qualquer natureza.

Art. 42 Respeitar o direito do exercício da autonomia da pessoa ou de seu representante legal na tomada de decisão, livre e esclarecida, sobre sua saúde, segurança, tratamento, conforto, bem-estar, realizando ações necessárias, de acordo com os princípios éticos e legais.

Parágrafo único. Respeitar as diretivas antecipadas da pessoa no que concerne às decisões sobre cuidados e tratamentos que deseja ou não receber no momento em que estiver incapacitado de expressar, livre e autonomamente, suas vontades.

Art. 47 Posicionar-se contra, e denunciar aos órgãos competentes, ações e procedimentos de membros da equipe de saúde, quando houver risco de danos decorrentes de imperícia, negligência e imprudência ao paciente, visando a proteção da pessoa, família e coletividade.

Art. 48 Prestar assistência de Enfermagem promovendo a qualidade de vida à pessoa e família no processo do nascer, viver, morrer e luto.

Art. 50 Assegurar a prática profissional mediante consentimento prévio do paciente, representante ou responsável legal, ou decisão judicial.

Parágrafo único. Ficam resguardados os casos em que não haja capacidade de decisão por parte da pessoa, ou na ausência do representante ou responsável legal.

Art. 61 Executar e/ou determinar atos contrários ao Código de Ética e à legislação que disciplina o exercício da Enfermagem.

Art. 64 Provocar, cooperar, ser conivente ou omisso diante de qualquer forma ou tipo de violência contra a pessoa, família e coletividade, quando no exercício da profissão.

Art. 77 Executar procedimentos ou participar da assistência à saúde sem o consentimento formal da pessoa ou de seu representante ou responsável legal, exceto em iminente risco de morte.

O Código de Ética da Enfermagem deixa claro que o profissional de enfermagem deve respeitar a autonomia da paciente, sua vontade. Portanto, se a paciente não deseja que seja feita a episiotomia, deve o enfermeiro respeitar a sua vontade e não realizar conduta que não tenha comprovação científica.

Vale registrar que o enfermeiro obstetra pode realizar a episiotomia e aplicação de anestesia local quando necessárias, nos termos do art. 11, alínea C, da Lei n.º 7.498/1986.

Assim, o descumprimento da autonomia da paciente, que é o poder de disposição sobre o próprio corpo e direito de personalidade, uma vez que violado, na forma do art. 15 do Código Civil Brasileiro, estará caracterizado o dever indenizatório, além da responsabilidade noutras esferas, conforme decidiu o Tribunal de Justiça do Rio Grande do Sul, no qual se discutiu a realização de esterilização na paciente sem o seu consentimento.

APELAÇÕES. RESPONSABILIDADE CIVIL. AÇÃO DE INDENIZAÇÃO POR DANOS MORAIS. ERRO MÉDICO. SERVIÇO PRESTADO PELO SISTEMA ÚNICO DE SAÚDE. ILEGITIMIDADE PASSIVA DO PROFISSIONAL MÉDICO. TEMA 940 DO STF. Em se tratando de profissional médico que prestou atendimento pelo Sistema Único de Saúde, a ação deve ser direcionada tão-somente em face do hospital prestar do serviço público, já que o médico age, nessa hipótese, como agente público, nos termos da tese firmada no Tema 940 do Supremo Tribunal Federal. Ilegitimidade passiva reconhecida, de ofício. LESÃO EM RECÉM-NASCIDO. TOCOTRAU-MATISMO. AUSÊNCIA DE ERRO MÉDICO. VIOLÊNCIA OBSTÉTRICA. LAQUEADURA TUBÁRIA REALIZADA SEM CONSENTIMENTO. INOBSERVÂNCIA DAS FOR-MALIDADES LEGAIS EXIGIDAS PARA PROCEDIMENTO DE ESTERILIZAÇÃO. DANO MORAL DEVIDO. A responsabilidade civil dos estabelecimentos hospitalares e demais instituições de saúde é de natureza objetiva, regida pelo Código de Defesa do Consumidor, porquanto se enquadram no conceito de prestadores de serviço. Contudo, para que haja a responsabilização do estabelecimento hospitalar por erro do profissional médico, necessária a demonstração de uma conduta negligente, imprudente ou imperita que tenha produzido o resultado danoso ao paciente. Por sua vez, a responsabilidade civil do médico, enquanto profissional liberal prestador de serviço, é subjetiva, nos termos do art. 14, § 4 do Código de Defesa do Consumidor, sendo, portanto, necessária a verificação do agir culposo na conduta causadora do dano. A lesão denominada tocotraumatismo, que ocorre no procedimento de cesariana, decorre do esforço realizado no momento do parto. Ausência de imperícia médica. Manutenção do juízo de improcedência. O procedimento de laqueadura tubária exige consentimento prévio do paciente. O poder de disposição sobre o próprio corpo é direito de personalidade e o paciente detém autonomia para o seu exercício, na forma do artigo 15 do CCB. A intervenção médica sem prévio consentimento somente é admissível nos casos de risco iminente de morte, e exceto nesse caso, é vedado ao médico deixar de obter o consentimento do paciente ou de seu representante legal, nos termos do que dispõe o artigo 22 do Código de Ética Médica, Resolução 2.217/18, do Conselho Federal de Medicina. Realizada a laqueadura sem prévio consentimento da paciente o médico infringe dever ético e ofende o direito de personalidade da paciente, praticando ato de esterilização. A existência de risco em futura gestação não se caracteriza como risco iminente, e não se constitui em consentimento informado a simples declaração do esposo da paciente de que o casal não pretenderia ter mais filhos. DANO MORAL. CABIMENTO. No caso em tela, o procedimento de laqueadura tubária na autora, realizado sem a devida autorização durante a cesariana, causou dor e sofrimento à demandante que ultrapassa qualquer mero dissabor, a qual foi submetida ao procedimento permanente de esterilização sem exercer o seu direito de decidir pela sua realização ou não. DANO MORAL. QUANTUM INDENI-ZATÓRIO. MANUTENÇÃO DO VALOR ARBITRADO. Manutenção do valor fixado na sentença, porquanto adequado às peculiaridades do caso. PROCESSO EXTINTO, DE OFÍCIO, EM FACE DO PROFISSIONAL MÉDICO, COM FULCRO NO ART. 485, VI, DO CPC, PREJUDICADO O APELO QUE INTERPÔS. RECURSOS DAS AUTORAS E DO HOSPITAL DEMANDADO DESPROVIDOS. (TJ-RS — AC: 70084029032 RS, Relator: Denise Oliveira Cezar, Data de Julgamento: 18/03/2021, Sexta Câmara Cível, data de publicação: 19/08/2021).

Está diretamente interligado ao princípio da autonomia da paciente o direito à informação e ao termo de consentimento informado, como será demonstrado no capítulo próprio da violação de direitos. Assim, a relação médico-paciente é pautada no tripé autodeterminação, informação e consentimento, e havendo o descumprimento, resta violada a autonomia.

3.2 Princípio da beneficência

Beneficência, do latim *"bonum facere"*, significa fazer o bem, agir com caridade, ajudar ao próximo.

Esmiuçando este princípio frente à relação médico-paciente, bem como ao Direito Médico e da Saúde e, principalmente, ao enfrentamento da violência obstétrica, o médico e o profissional da saúde devem utilizar todos os meios que estão ao seu alcance para minorar, minimizar o abalo à saúde da sua paciente, utilizando todos os recursos e estrutura.

Veja que esse princípio visa buscar o melhor para a tratativa da paciente, em que o médico deve sempre optar por uma conduta menos invasiva e mais benéfica para a paciente, ou seja, maximizando os resultados/benefícios. Tome como exemplo: uma mulher gestante de um feto macrossômico, ou seja, bebê com 4 kg ou mais, entra em trabalho de parto. Essa mulher, diante da sua estatura, visivelmente não tem passagem para ter um parto normal; mesmo assim, o médico e a equipe de saúde deixam-na sofrendo com dores por muitas horas, induzindo e tentando um parto normal ao invés de fazer o parto cesariano (apesar de ser a cirurgia cesariana mais arriscada, não entrarei nesse mérito, posto que acredito haver muita ponderação). Realiza o médico a episiotomia, que causou graves danos estéticos à mulher, além do sofrimento fetal do bebê, que teve hipoxia, distocia de ombro e a clavícula quebrada em virtude das manobras realizadas, porque a passagem da mulher era estreita.

Esse exemplo cai como uma luva no que se refere à desobediência ao princípio da beneficência, posto que caso fosse realizada uma cirurgia cesariana, os riscos seriam menores tanto para a mulher quanto para o feto.

Veja-se uma jurisprudência do Tribunal de Justiça do Estado de São Paulo.

> RESPONSABILIDADE CIVIL. ERRO MÉDICO. Anoxia cerebral neonatal de recém-nascido. Sequelas neurológicas que levaram ao falecimento do filho da autora poucos meses após o nascimento. Sentença de parcial procedência. Apelo do hospital réu. Falha na prestação dos serviços médicos evidenciada. Ausência de preenchimento do partograma pelo período de 12 horas que evitou a constatação anterior de sofrimento fetal e de desproporção cefalopelvica. Demora na indicação e na realização de parto cirúrgico que levou à ausência ou insuficiência de oxigenação fetal. Nexo de causalidade entre a conduta dos prepostos do réu e a anoxia neonatal do filho da autora evidenciado. Responsabilização do nosocômio devida. Precedentes. Dano moral caracterizado. Quantum indenizatório mantido por ausência de impugnação da interessada. Incidência de juros a partir da citação e correção monetária a partir do arbitramento. Recurso parcialmente provido (TJ-SP — AC: 00074600920108260642 SP 0007460-09.2010.8.26.0642, Relator: Mary Grün, Data de Julgamento: 31/10/2019, 7ª Câmara de Direito Privado, data de publicação: 31/10/2019).

O CEM já mencionado traz princípios fundamentais sobre a beneficência ao afirmar que o alvo de toda a atenção do médico é a saúde do ser humano, em benefício da qual deverá agir com o máximo de zelo e o melhor de sua capacidade profissional, além de competir ao médico aprimorar continuamente seus conhecimentos e usar o melhor do progresso científico em benefício do paciente e da sociedade.

O art. 32 do mesmo dispositivo afirma ser vedado e proibido ao médico deixar de usar todos os meios disponíveis de promoção à saúde e de prevenção, diagnóstico e tratamento de doenças cientificamente reconhecidos e ao seu alcance em favor do paciente.

3.3 Princípio da não maleficência

O princípio da não maleficência tem por significado que o profissional de saúde não pode causar dano intencional ao paciente, ou seja, é o inverso da beneficência.

Sabemos que todo procedimento médico cirúrgico, interventivo/medicamentoso traz riscos intrínsecos por uma série de questões, como a própria não correspondência do corpo do paciente a tal intervenção e danos iatrogênicos (danos causados pelos profissionais da saúde a pacientes saudáveis ou não, mas que não foram cometidos por falha na prestação do serviço ou por erro médico por meio de culpa na modalidade negligência, imperícia e imprudência), mas atenção principal à observância desse princípio é o não causar mal **intencional**.

Quanto à violação desse princípio, vamos exemplificar aqui da seguinte forma: um médico realiza manobras de Kristeller em uma paciente, causa danos como laceração e quebra a costela da paciente. Como sabemos, a manobra de Kristeller não é indicada e não tem evidência científica, mesmo assim, o profissional a realiza. Resta, assim comprovado, que agiu de forma maléfica, causando danos à paciente, violando também o princípio da beneficência.

Varrone (2020) acrescenta, referindo-se a Beauchamp e Childress, que quanto à não maleficência, o profissional da saúde deve:

a. não matar;

b. não causar dor ou sofrimento desnecessário a outros;

c. não incapacitar o outro;

d. Não ofender;

e. não privar o outro de bens necessários à vida.

3.4 Princípio da Justiça

Segundo a Declaração de Direitos Humanos e Bioética, esse princípio está baseado na igualdade entre os indivíduos, extraindo-se, do art. 10 da referida Declaração, que é a igualdade fundamental entre todos os seres humanos em termos de dignidade e de direitos, devendo ser respeitado, de modo que todos sejam tratados de forma justa e equitativa.

O art. 5º da Constituição Brasileira de 1988 consagra que todos são iguais perante a lei, sem distinção de qualquer natureza, garantindo-se aos brasileiros e aos estrangeiros residentes no país a inviolabilidade do direito à vida, à liberdade, à igualdade, à segurança e à propriedade, ou seja, a qualquer ser humano, ante a sua dignidade, que tem dimensão axiológica, irradia todos os demais outros direitos.

Na questão da violência obstétrica, a respeito da violação desse princípio, imagine a seguinte situação: duas mulheres dão entrada em um hospital público para parto normal, com gravidez de baixo risco. Devido ao fato de uma delas ser parente de algum profissional da equipe de saúde, recebe tratamento totalmente diferenciado, sendo encaminhada para um leito com total respeito à sua privacidade, ao contrário da outra, que recebe um tratamento de baixa qualidade da equipe, sendo negligenciada e "deixada a deus-dará". Tal comportamento da equipe de saúde, nessa hipótese, viola diretamente o princípio da justiça.

Justiça, nas palavras do jurista Rui Barbosa, é tratar os iguais igualmente, e os desseguias na medida das suas desigualdades.

CAPÍTULO 4

OS DIREITOS DAS MULHERES GESTANTES E PUÉRPERAS

Neste capítulo, serão registrados os principais direitos dos pacientes frente ao Sistema de Saúde Pública ou privada, direitos esses alcançados por todos os pacientes.

Mas como o meu intuito nesta obra é enaltecer os direitos das mulheres gestantes/parturientes, as tratativas dos direitos terão a nomenclatura "a paciente". Porém, saiba que alguns dos direitos se aplicam a todos os pacientes no contexto geral, como o termo de consentimento informado, o acesso ao prontuário médico, o direito ao respeito e à privacidade, a recusa terapêutica e o direito à segunda opinião.

Uma vez que a mulher gestante e puérpera tiver esses direitos violados, estar-se-á diante de uma violência obstétrica, falha da prestação do serviço médico ou erro médico.

Esclareço, ainda, que violência obstétrica não é erro médico, pois o erro médico pressupõe culpa na modalidade negligência, imprudência ou imperícia, se provada pela paciente; já na violência obstétrica basta provar o ato ilícito por cometimento de algumas das formas de violência obstétrica, uma vez que as práticas de violência obstétrica jamais deveriam ser realizadas.

O erro médico (que pressupõe a comprovação da culpa do profissional de saúde por negligência, imprudência e imperícia, além da existência de dano e nexo causal — a ligação entre a conduta do agente e o dano) pode estar inserido na violência obstétrica, visto que uma conduta de violência obstétrica tem, como exemplo, a realização de episiotomia sem necessidade, por si só é um ato ilícito, mas quando o médico ou o enfermeiro, ao suturar a episiotomia, transfixar o canal vaginal com o anal, resta caracterizada uma violência obstétrica e erro médico.

Dito isso, vamos aos principais direitos das mulheres gestantes e puérperas, direitos esses garantidos no ordenamento jurídico brasileiro com força de direitos sociais fundamentais previstos também nos tratados e convenções internacionais dos quais o Brasil faz parte.

4.1 Direito ao pré-natal e parto humanizado

Houve uma grande mudança cultural no mundo a partir de 1970 sobre os direitos sexuais e reprodutivos, como afirmou Melo (2019, p. 48).

> As mudanças culturais no mundo, a partir da década de 70, e as mobilizações pelo respeito aos direitos sexuais e reprodutivos, reverberaram profundamente no plano constitucional. No direito brasileiro, embora o texto da Constituição Federal, não faça menção aos direitos sexuais e produtivos, é possível identificar que a ordem constitucional reflete tais direitos, sob o archote dos direitos à saúde e ao livre planejamento familiar.

Importante mencionar que, para a autora supracitada, como a maternidade e a saúde são direitos sociais titularizados no rol dos direitos e garantias fundamentais, também recebem proteção da constituição, nos termos do art. 6º, da Constituição Federal (Brasil, 1988). Segundo ela,

> [...] o fortalecimento de tais direitos, sociais que permitem a fruição dos direitos da trabalhadora, desde o período gestacional, até a fase da maternidade. A proteção constitucional da maternidade, é, portanto, importante promoção da saúde reprodutiva da mulher (Brasil, 1988, p. 49).

Como já sabemos, a saúde é um direito social fundamental, um direito de todos e dever do Estado, que deve ser prestado de forma universal e igualitária, conforme previsão do art. 196 da Constituição da República Federativa do Brasil , que diz que a saúde é direito de todos e dever do Estado, garantido mediante políticas sociais e econômicas que visem à redução do risco de doenças e de outros agravos e ao acesso universal e igualitário às ações e serviços para sua promoção, proteção e recuperação.

Conforme disposição da Constituição Federal de 1988 (Brasil, 1988), as ações e serviços de saúde são de relevância pública, cabendo ao Poder Público dispor, nos termos da lei, sobre sua regulamentação, fiscalização e controle, devendo sua execução ser feita diretamente ou por meio de terceiros, bem como por pessoa física ou jurídica de direito privado. Nesse ponto, cabe esclarecer que a saúde privada é regulamentada pela Lei n.º 9.656 de 1996 (Brasil, 1996), com a permissão do Estado, em que as operadoras de planos de saúde atuam de forma suplementar, por meio da iniciativa privada.

No sítio do Ministério da Saúde, extraímos que a realização do pré-natal representa papel fundamental na prevenção e/ou detecção precoce de patologias maternas e fetais, permitindo um desenvolvimento saudável ao bebê e reduzindo os riscos da gestante. Informações sobre as diferentes vivências devem ser trocadas entre as mulheres e os profissionais de saúde. Essa possibilidade de intercâmbio de experiências e conhecimentos é considerada a melhor forma de promover a compreensão do processo de gestação (Brasil, 2024).

Nesse sentido, é existente a política de humanização no pré-natal e nascimento, que visa garantir o direito da saúde da mulher gestante, desde o início da gravidez até o fim da gestação, estendendo-se até 42 (quarenta e dois) dias do nascimento do bebê, com o intuito de que o nascimento da criança seja saudável e garantindo o bem-estar materno e do neonato.

O Programa de Humanização no pré-natal e Nascimento do Ministério da Saúde, portaria n.º 569/2000 (Brasil, 2000), está pautado nos seguintes princípios:

> i) toda gestante tem direito ao acesso a atendimento digno e de qualidade no decorrer da gestação, parto e puerpério; ii) toda gestante tem direito de saber e ter assegurado o acesso à maternidade em que será atendida no momento do parto; (iii) toda gestante tem direito à assistência ao parto e ao puerpério e que esta seja realizada de forma humanizada e segura, de acordo com os princípios gerais e condições estabelecidas na prática médica; iv) todo recém-nascido tem direito à assistência neonatal de forma humanizada e segura.

Segundo a Portaria n.º 1.067 de 2005 do Ministério da Saúde, a assistência pré-natal e puerperal deve ser qualificada e humanizada, ocorrendo por meio da incorporação de condutas acolhedoras e sem intervenções desnecessárias; do fácil acesso aos serviços de saúde de qualidade, com ações que integrem todos os níveis da atenção: promoção, prevenção e assistência à saúde da gestante e do recém-nascido, desde o atendimento ambulatorial básico ao atendimento pré-hospitalar e hospitalar para alto risco.

A Resolução também afirma que deve haver no mínimo 6 (seis) consultas de pré-natal assim distribuídas, preferencialmente, uma no primeiro trimestre, duas no segundo trimestre e três no terceiro trimestre da gestação, com orientação à gestante do que vai ser feito na consulta; realização de exames necessários, ultrassonografia etc.

Conforme a Política Nacional de Atenção Obstétrica e Neonatal, podemos afirmar que o pré-natal tem por objetivos:

a. preparar a mulher para a maternidade, trazendo informações educativas sobre o parto e o cuidado da criança (puericultura);

b. fornecer orientações essenciais sobre hábitos de vida e higiene pré-natal; orientar sobre a manutenção do estado nutricional apropriado;

c. orientar sobre o uso de medicações que possam afetar o feto ou o parto ou medidas que possam prejudicar o feto;

d. tratar das manifestações físicas próprias da gravidez; tratar de doenças existentes que, de alguma forma, interfiram no bom andamento da gravidez;

e. fazer prevenção, diagnóstico precoce e tratamento de doenças próprias da gestação ou que sejam intercorrências previsíveis;

f. orientar psicologicamente a gestante para o enfrentamento da maternidade;

g. nas consultas médicas, o profissional deverá orientar a paciente com relação à dieta, higiene, sono, hábito intestinal, exercícios, vestuário, recreação, sexualidade, hábitos de fumo, álcool, drogas e outras eventuais orientações que se façam necessárias.

No pré-natal já se estabelece a relação-médico paciente, que deve ser pautada no respeito, tendo por base o princípio da informação, termo de consentimento informado e a autonomia da paciente. Assim, a Medicina pré-natal requer atenção especial a essas diretrizes da Deontologia Médica moderna, que equivalem aos direitos da paciente ligado à fundamentalidade dos direitos reprodutivos e ao livre planejamento familiar (Melo, 2019).

No pré-natal, como vimos, deve o médico solicitar todos os exames para um melhor diagnóstico de saúde do feto, tais como má-formação fetal, problemas de cardiopatia fetal e anencefalia fetal. Nesse ponto, havendo indícios de má-formação fetal, caso o médico não solicite exames, tais como ultrassonografia morfológica, ecodopplercardiograma fetal, vejo como negligência e violência obstétrica, uma vez que, se for diagnosticada a má-formação ou os problemas de saúde do feto ou da gestante, essa deve ser encaminhada para uma unidade de saúde obstétrica avançada para seguir com o pré-natal.

Atualmente, com o avanço da Medicina, é possível até realizar intervenções intrauterinas, principalmente quando se trata de problema de cardiopatia fetal (Pavão, 2018, p. 4).

> O exame clínico nessa fase torna-se valioso na suspeita clínica de cardiopatia como o sopro cardíaco, cianose, taquipneia e arritmia cardíaca. A radiografia torácica vem perdendo sua importância diagnóstica, devido à dificuldade em obter boas imagens. A oximetria de pulso arterial é um bom método de triagem, podendo ser realizada de rotina em recém-nascidos aparentemente saudáveis com idade gestacional maior que 34 semanas, o que mostra elevada sensibilidade e especificidade para detecção precoce das cardiopatias, apesar de não ter a capacidade de excluir ou confirmar a presença da doença e nem de orientar a conduta inicial frente a um caso positivo. O ecocardiograma fornece informações hemodinâmicas importantes como a estimativa da pressão pulmonar e avaliação da função ventricular, diminuindo as indicações de realização do cateterismo cardíaco. A sensibilidade do exame tem alcançado um valor de segurança de até 83%, pois identifica o risco e oportuniza o tratamento adequado.

> As anormalidades que atingem a estrutura cardíaca ao nascimento, possuem alto índice de mortalidade, no primeiro ano de vida, amplo espectro clínico com formas sintomáticas e assintomáticas, sendo, portanto, fundamental o diagnóstico precoce. A realização de exames diagnósticos, quando precoce e preciso, pode mudar a história da criança, permitindo tratamento adequado e, por vezes, cura definitiva em fase precoce da vida. O avanço da tecnologia aumentou à sobrevida das crianças portadoras e o diagnóstico das CC pode ser realizado no período gestacional, ao nascimento e durante os primeiros meses de vida. A ultrassonografia obstétrica tem a capacidade de detectar lesões.

A ultrassonografia morfológica e ecodopplercardiograma fetal são importantes exames a serem realizados no pré-natal, pois identificam anencefalia fetal, o que oportunizará à gestante seguir ou não com a gestação.

A gestante que está esperando um feto anencéfalo carrega grandes riscos de abalos à sua saúde, pois, segundo Maluf (2020), embora a gestação possa correr normalmente, ela causa inúmeros problemas para a gestante, como a eclâmpsia, a embolia pulmonar, o aumento do volume líquido amniótico e até a mesmo a morte; além de desconforto respiratório, problemas hipertensivos e, principalmente, um grande estresse psicológico à gestante e à família.

Nos termos da Arguição de Descumprimento de Preceito Fundamental de n.º 54, do Supremo Tribunal Federal, entende-se que a interrupção da gravidez ante feto anencéfalo não é crime.

> ESTADO — LAICIDADE. O Brasil é uma república laica, surgindo absolutamente neutro quanto às religiões. Considerações. FETO ANENCÉFALO — INTERRUPÇÃO DA GRAVIDEZ — MULHER — LIBERDADE SEXUAL E REPRODUTIVA — SAÚDE — DIGNIDADE — AUTO-DETERMINAÇÃO — DIREITOS FUNDAMENTAIS — CRIME — INEXISTÊNCIA. Mostra-se inconstitucional interpretação de a interrupção da gravidez de feto anencéfalo ser conduta tipificada nos artigos 124, 126 e 128, incisos I e II, do Código Penal. (STF - ADPF: 54 DF, Relator: MARCO AURÉLIO, Data de Julgamento: 12/04/2012, Tribunal Pleno, data de publicação: 30/04/2013).

Por essas razões, vemos a importância de bom acolhimento à mulher, do pré-natal ao período puerpério; consistente no parto e no tratamento humanizado. Já atuei em casos em que a gestante clave ao seu médico do pré-natal o pedido de exames para aferir a saúde do feto, pois ela acreditava que ele tinha algum problema de saúde. Infelizmente, não foi ouvida e atendida pelo médico. De fato, o bebê tinha problema de cardiopatia crônica fetal, e caso o profissional tivesse ouvido a gestante, o feto teria um tratamento adequado.

A portaria 1.067/2005 instituiu a Política Nacional de Atenção Obstétrica e Neonatal, elencando que a mulher gestante tem os seguintes direitos:

> I — toda gestante tem direito ao acesso a atendimento digno e de qualidade no decorrer da gestação, parto e puerpério;
>
> II — toda gestante tem direito ao acompanhamento pré-natal adequado de acordo com os princípios gerais e condições estabelecidas no Anexo I desta Portaria;
>
> III — toda gestante tem direito de conhecer e ter assegurado o acesso à maternidade em que será atendida no momento do parto; IV - toda gestante tem direito à assistência ao parto e ao puerpério e que essa seja realizada de forma humanizada e segura, de acordo com os princípios gerais e condições estabelecidas no Anexo I desta Portaria;

V — todo recém-nascido tem direito à assistência neonatal de forma humanizada e segura;

VI — toda mulher e recém-nascido em situação de intercorrência obstétrica e neonatal tem direito a atendimento adequado e seguro de acordo com os princípios gerais e condições estabelecidas no Anexo I desta Portaria;

VII — as autoridades sanitárias dos âmbitos federal, estadual e municipal são responsáveis pela garantia dos direitos enunciados nos incisos acima; e

VIII — toda gestante tem o direito à presença de acompanhante durante o trabalho de parto e pós-parto imediato de acordo com a Lei n.º 11.108/05.

No âmbito do SUS, foi editada a Resolução do Ministério da Saúde de n.º 1.459/2011, conhecida como Rede Cegonha, que tem como princípios o respeito, a proteção e a realização dos direitos humanos; o respeito à diversidade cultural, étnica e racial; a promoção da equidade; o enfoque de gênero; a garantia dos direitos sexuais e dos direitos reprodutivos de mulheres, homens, jovens e adolescentes; a participação e a mobilização social; e a compatibilização com as atividades das redes de atenção à saúde materna e infantil em desenvolvimento nos Estados.

Há muitas normatizações no Brasil que garantem o tratamento humanizado às mulheres gestantes e aos recém-nascidos, as quais, se obedecidas, impediriam a existência de tantas práticas de violência obstétrica e neonatal. Friso, ainda, que se o Estado Brasileiro editasse uma lei tipificando e criminalizando a violência obstétrica com imposição de penas mais severas, apesar de não ser suficiente, pois isso requer uma mudança de mentalidade dos profissionais de saúde, isso conscientizaria os profissionais da saúde a fim de que não praticassem quaisquer formas de violência obstétrica.

Mas o que é o parto humanizado?

O parto humanizado é uma assistência completa à mulher, a qual deve observar o respeito, a autonomia e o amparo à mulher, não se limitando apenas às formas de parto em si, como parto em banheiras, parto sem dor, vaginal ou cirúrgico, mas, sim, incluindo um complexo de condutas e procedimentos focados no bem-estar da mulher para que ela tenha uma experiência boa, saudável.

O parto humanizado busca justamente o protagonismo da mulher, considerando aspectos sociais, culturais, biológicos, enfim, o respeito às escolhas.

O parto é da mulher, portanto, é ela quem deve melhor conduzir, intervindo na equipe médica quando de fato for necessário. O parto humanizado vem ao encontro do enfrentamento da violência obstétrica, pois uma vez dada a devida autonomia à mulher, haverá empatia e respeito por parte da equipe médica. No ato de parir, a mulher não pode ser vista como um objeto a ser manipulado e controlado pelo profissional de saúde, consistente no mandar e obedecer.

O acompanhamento do parto é feito não apenas pelo médico e enfermeiros, mas por vários outros profissionais da saúde, tais como psicólogos, assistentes sociais, fisioterapeutas, nutricionistas, doulas e parteiras. Todos esses profissionais devem contribuir para que o parto seja humanizado e, assim, promover a autonomia da mulher.

Scipioni (2018, p. 11) elenca três pilares do parto humanizado.

> 1. Respeito ao tempo da mãe e do bebê e ao protagonismo feminino: deixar o parto iniciar e evoluir naturalmente, não acelerar o parto ou agendar uma cesárea sem necessidade. Todas as intervenções devem estar à disposição da mulher para serem usadas quando necessário e, se estiver tudo bem, a mulher tem o direito de decidir como deseja parir.
>
> 2. Compartilhamento de responsabilidades: quando a mulher ou o casal não participam das decisões, toda a carga de responsabilidade recai sobre os médicos; no parto humanizado, todos os riscos e benefícios de cada opção são informados, e a decisão é feita em conjunto, não é só um dos lados que decide e arca com as responsabilidades.
>
> 3. Uso das melhores e mais recentes evidências: nada disso é feito sem respaldo técnico ou implicando riscos desnecessários, todas as opções colocadas à disposição da gestante devem ser baseadas nas melhores e mais recentes evidências científicas, por isso o profissional precisa sempre estar atualizado. A medicina evolui, coisas que fazíamos há alguns anos hoje sabemos que não devem ser feitas (p.ex. o lado que o bebê dorme, coisas que comemos), isso não é diferente com o parto (p.ex. episio, kristeller, etc.). O atendimento ao parto também evolui. Respeitando todos esses pontos, o parto pode ser, sim, uma experiência cheia de dúvidas, medos, inseguranças e dores, mas também repleta de amor, respeito, confiança e transformação.

O parto humanizado, além de promover a autonomia da mulher, explicita que todas as práticas realizadas nas mulheres devem ter evidência científica, comprovadas pela Medicina Baseada em Evidências, que são estudos randomizados que comprovam tais benefícios. Logo, por atrelamento bioético e normas deontológicas, os profissionais da saúde não podem exercer condutas e procedimentos que causam danos à mulher.

Quanto aos cuidados de saúde ao neonato, a Portaria de n.º 371, de 2014, publicada pelo Ministério da Saúde, institui as diretrizes para a organização da atenção integral e humanizada ao recém-nascido no momento do nascimento em estabelecimentos de saúde que realizam partos, preconizando que o atendimento ao recém-nascido

> [...] consiste na assistência por profissional capacitado, médico (preferencialmente pediatra ou neonatologista) ou profissional de enfermagem (preferencialmente enfermeiro obstetra ou neonatal), desde o período imediatamente anterior ao parto, até que o RN seja encaminhado ao Alojamento Conjunto com sua mãe, ou à Unidade Neonatal (Unidade de Terapia Intensiva Neonatal, Unidade de Cuidado Intermediário Neonatal Convencional ou da Unidade de Cuidado Intermediário Neonatal Canguru), ou ainda, no caso de nascimento em quarto de pré-parto, parto e puerpério (PPP) seja mantido junto à sua mãe, sob supervisão da própria equipe profissional responsável pelo PPP.

Assim, a Portaria supracitada assegura os seguintes direitos ao recém-nascido a termo com ritmo respiratório normal, tônus normal e sem líquido meconial:

> I — assegurar o contato pele a pele imediato e contínuo, colocando o RN sobre o abdômen ou tórax da mãe de acordo com sua vontade, de bruços e cobri-lo com uma coberta seca e aquecida, verificar a temperatura do ambiente que deverá estar em torno de 26 graus para evitar a perda de calor;
>
> II — proceder ao clampeamento do cordão umbilical, após cessadas suas pulsações (aproximadamente de 1 a 3 minutos), exceto em casos de mães isoimunizadas ou HIV HTLV positivas, nesses casos o clampeamento deve ser imediato;
>
> III — estimular o aleitamento materno na primeira hora de vida, exceto em casos de mães HIV ou HTLV positivas;
>
> IV — postergar os procedimentos de rotina do recém-nascido nessa primeira hora de vida. Entende-se como procedimentos de rotina: exame físico, pesagem e outras medidas antropométricas, profilaxia da oftalmia neonatal e vacinação, entre outros procedimentos.

No estado de São Paulo, a Lei n.º 15.759/2015[11], de autoria do Deputado Carlos Bezerra Jr., elencava um grande rol de garantias ao parto humanizado, inclusive tratava do Plano Individual de parto, conforme se verifica no rodapé os arts. 1º ao 6º, a título de informação. Todavia, lamentavelmente, a referida Lei foi revogada, conforme consulta no sítio da Assembleia Legislativa do Estado de São Paulo. É uma pena que uma Lei tão excelente, com uma grande amplitude dos direitos das mulheres, tenha sido revogada.

Recentemente, no Estado de São Paulo, foi promulgada a Lei n.º 17.760/2023, que autoriza o Poder Executivo a instituir, regulamentar e implementar o Programa Saúde da Mulher Paulista, com a finalidade de

---

[11] Art. 1º. Toda gestante tem direito a receber assistência humanizada durante o parto nos estabelecimentos públicos de saúde do Estado.

Art. 2º. Para os efeitos desta lei, ter-se-á por parto humanizado, ou assistência humanizada ao parto, o atendimento que:

I — não comprometer a segurança do processo, nem a saúde da parturiente ou do recém-nascido;

II — só adotar rotinas e procedimentos cuja extensão e conteúdo tenham sido objeto de revisão e avaliação científica por parte da Organização Mundial da Saúde — OMS ou de outras instituições de excelência reconhecida;

III — garantir à gestante o direito de optar pelos procedimentos eletivos que, resguardada a segurança do parto, lhe propiciem maior conforto e bem-estar, incluindo procedimentos médicos para alívio da dor.

Art. 3º. São princípios do parto humanizado ou da assistência humanizada durante o parto:

I — a harmonização entre segurança e bem-estar da gestante ou parturiente, assim como do nascituro;

II — a mínima interferência por parte do médico;

III — a preferência pela utilização dos métodos menos invasivos e mais naturais;

IV — a oportunidade de escolha dos métodos natais por parte da parturiente, sempre que não implicar risco para sua segurança ou do nascituro;

V — o fornecimento de informação à gestante ou parturiente, assim como ao pai sempre que possível, dos métodos e procedimentos eletivos.

Art. 4º. Diagnosticada a gravidez, a gestante terá direito à elaboração de um Plano Individual de Parto, no qual deverão ser indicados:

I — o estabelecimento onde será prestada a assistência pré-natal, nos termos da lei;

II — a equipe responsável pela assistência pré-natal;

III — o estabelecimento hospitalar onde o parto será preferencialmente efetuado;

IV — a equipe responsável, no plantão, pelo parto;

V — as rotinas e procedimentos eletivos de assistência ao parto pelos quais a gestante fizer opção.

Art. 5º. A elaboração do Plano Individual de Parto deverá ser precedida de avaliação médica da gestante, na qual serão identificados os fatores de risco da gravidez, reavaliados a cada contato da gestante com o sistema de saúde durante a assistência pré-natal, inclusive quando do atendimento preliminar ao trabalho de parto.

Art. 6º. No Plano Individual de Parto, a gestante manifestará sua opção sobre:

I — a presença, durante todo o processo ou em parte dele, de um acompanhante livremente escolhido pela gestante;

II — a presença de acompanhante nas duas últimas consultas, nos termos da lei;

III — a utilização de métodos não farmacológicos para alívio da dor;

IV — a administração de medicação para alívio da dor;

V — a administração de anestesia peridural ou raquidiana;

VI — o modo como serão monitorados os batimentos cardíacos fetais.

Parágrafo único — Na hipótese de risco à saúde da gestante ou do nascituro, o médico responsável poderá restringir as opções de que trata este artigo.

promover o desenvolvimento de ações e serviços de prevenção e assistência integral à saúde da mulher no âmbito do Estado de São Paulo, em seu art. 3º, incisos III, garantindo a assistência integral à gestante no pré-natal, parto e pós-parto, garantindo o acesso e a qualidade da assistência obstétrica e neonatal.

Tanto o pré-natal quanto o parto devem ser humanizados e seguros, de acordo com Resolução de n. 36 de 2008, da Agência Nacional de Vigilância Sanitária (Anvisa), que institui ações para a segurança do paciente em serviços de saúde.

4.2 Direito ao termo de consentimento informado e direito à informação

Para que o médico realize algum procedimento no corpo da paciente, é indispensável a elaboração do termo de consentimento informado, que nada mais é do que o documento no qual o médico vai elencar os principais riscos, benefícios, recomendações, consequências, finalidade, complicações de determinados procedimentos, tais como cirurgia cesariana, episiotomia (quando indispensável e justificada), esterilização, ou qualquer outro procedimento relativo ao trabalho de parto e diante do esclarecimento, numa linguagem não técnica, para que a paciente possa autorizar, exercendo a sua autodeterminação, para que nela seja realizado tais procedimentos.

O termo de consentimento informado está intrinsecamente ligado ao princípio da autonomia da paciente, ou seja, é a externalização deste princípio.

Dadalto (2022) considera que o termo de consentimento informado é expressão da manifestação da vontade do sujeito. Na esfera do Direito Privado, especificamente no âmbito dos negócios jurídicos e atrela o conceito de consentimento ao de autonomia, vez que o consentimento seria a materialização da vontade. Tal entendimento é bastante plausível, principalmente porque a autonomia pressupõe, uma vontade livre.

O termo de consentimento informado pressupõe o dever informacional, posto que sem o direito à informação, a paciente tem prejudicada, a capacidade de exercer a sua autonomia.

De acordo com a Recomendação CFM n.º 01/2016, é obrigação do médico fornecer algumas informações à paciente, além de trazer alguns elementos que devem constar no termo de consentimento informado, tais como:

a) O esclarecimento claro, pertinente e suficiente sobre justificativas, objetivos esperados, benefícios, riscos, efeitos colaterais, complicações, duração, cuidados e outros aspectos específicos inerentes à execução tem o objetivo de obter o consentimento livre e a decisão segura do paciente para a realização de procedimentos médicos. Portanto, não se enquadra na prática da denominada medicina defensiva;

b) A forma verbal é a normalmente utilizada para obtenção de consentimento para a maioria dos procedimentos realizados, devendo o fato ser registrado em prontuário. Contudo, recomenda-se a elaboração escrita (Termo de Consentimento Livre e Esclarecido);

c) A redação do documento deve ser feita em linguagem clara, que permita ao paciente entender o procedimento e suas consequências, na medida de sua compreensão. Os termos científicos, quando necessários, precisam ser acompanhados de seu significado, em linguagem acessível;

d) Em relação ao tamanho da letra, recomenda-se que seja pelo menos 12 e, com a finalidade de incentivar a leitura e a compreensão, que o termo seja escrito com espaços em branco ou alternativas para que o paciente possa, querendo, completá-los com perguntas a serem respondidas pelo médico assistente ou assinalar as alternativas que incentivem a compreensão do documento. Depois de assinado pelo paciente, tais espaços em branco e/ou alternativas, quando não preenchidos, deverão ser invalidados;

e) O paciente, ou seu representante legal, após esclarecido, assume a responsabilidade de cumprir fielmente todas as recomendações feitas pelo médico assistente.

Em outras palavras, não se pode elaborar um GENÉRICO TERMO DE CONSENTIMENTO INFORMADO, logo, a este deve estar atrelado o cumprimento do DIREITO À INFORMAÇÃO. A paciente tem o direito de ter acesso a todas as informações de modo compatível com o seu grau de entendimento.

É proibida a elaboração de termo de consentimento informado genérico, conhecido como "Blanket Consent", ou seja, padronizado para todos os pacientes, pois cada paciente é único e deve ter a elaboração do termo individualizado. Se não houver o cumprimento do tripé respeito à autonomia, à informação e ao consentimento informado, bem como a assinatura da paciente no Termo de Consentimento Informado estar-se-á diante de falha da prestação do serviço médico obstetra.

A obrigação do profissional de saúde em prestar as informações à paciente é obrigação objetiva e, quando não prestadas, viola a boa-fé contratual. Nesse sentido, o Superior Tribunal de Justiça, em Recurso Especial de n.º 1.540.580, reconheceu que o dever de informar é dever de conduta decorrente da boa-fé objetiva, e sua simples inobservância caracteriza inadimplemento contratual.

RECURSO ESPECIAL. VIOLAÇÃO AO ART. 535 DO CPC/1973. NÃO OCORRÊNCIA. RESPONSABILIDADE CIVIL DO MÉDICO POR INADIMPLEMENTO DO DEVER DE INFORMAÇÃO. NECESSIDADE DE ESPECIALIZAÇÃO DA INFORMAÇÃO E DE CONSENTIMENTO ESPECÍFICO. OFENSA AO DIREITO À AUTODETERMINAÇÃO. VALORIZAÇÃO DO SUJEITO DE DIREITO. DANO EXTRAPATRIMONIAL CONFIGURADO. INADIMPLEMENTO CONTRATUAL. BOA-FÉ OBJETIVA. ÔNUS DA PROVA DO MÉDICO. 1. Não há violação ao artigo 535, II, do CPC, quando, embora rejeitados os embargos de declaração, a matéria em exame foi devidamente enfrentada pelo Tribunal de origem, que emitiu pronunciamento de forma fundamentada, ainda que em sentido contrário à pretensão da recorrente. 2. É uma prestação de serviços especial a relação existente entre médico e paciente, cujo objeto engloba deveres anexos, de suma relevância, para além da intervenção técnica dirigida ao tratamento da enfermidade, entre os quais está o dever de informação. 3. O dever de informação é a obrigação que possui o médico de esclarecer o paciente sobre os riscos do tratamento, suas vantagens e desvantagens, as possíveis técnicas a serem empregadas, bem como a revelação quanto aos prognósticos e aos quadros clínico e cirúrgico, salvo quando tal informação possa afetá-lo psicologicamente, ocasião em que a comunicação será feita a seu representante legal. 4. O princípio da autonomia da vontade, ou autodeterminação, com base constitucional e previsão em diversos documentos internacionais, é fonte do dever de informação e do correlato direito ao consentimento livre e informado do paciente e preconiza a valorização do sujeito de direito por trás do paciente, enfatizando a sua capacidade de se autogovernar, de fazer opções e de agir segundo suas próprias deliberações. 5. Haverá efetivo cumprimento do dever de informação quando os esclarecimentos se relacionarem especificamente ao caso do paciente, não se mostrando suficiente a informação genérica. Da mesma forma, para validar a informação prestada, não pode o consentimento do paciente ser genérico (*blanket consent*), necessitando ser claramente individualizado. 6. O dever de informar é dever de conduta decorrente da boa-fé objetiva e sua simples inobservância caracteriza inadimplemento contratual, fonte de responsabilidade civil per se. A indenização, nesses casos, é devida pela privação sofrida pelo paciente em sua autodeterminação, por lhe ter sido retirada a oportunidade de ponderar os riscos e vantagens de determinado tratamento, que, ao final, lhe causou danos, que poderiam não ter sido causados, caso não fosse realizado o procedimento, por opção do paciente. 7. O ônus da prova quanto ao cumprimento do dever de informar e obter o consentimento informado do paciente é do médico ou do hospital, orientado pelo princípio da colaboração processual, em que cada parte deve contribuir com os elementos probatórios que mais facilmente lhe possam ser exigidos. 8. A responsabilidade subjetiva do médico (CDC, art. 14, § 4º) não exclui a possibilidade de inversão do ônus da prova, se presentes os requisitos do art. 6º, VIII, do CDC, devendo o profissional demonstrar ter agido com respeito às orientações técnicas aplicáveis. Precedentes. 9. Inexistente legislação específica para regulamentar o dever de informação, é o Código de Defesa do Consumidor o diploma que desempenha essa função, tornando bastante rigorosos os deveres de informar com clareza, lealdade e exatidão (art. 6º, III, art. 8º, art. 9º). 10. Recurso especial provido, para reconhecer o dano extrapatrimonial causado pelo inadimplemento do dever de informação. (STJ — REsp: 1540580 DF 2015/0155174-9, Relator: Ministro LÁZARO GUIMARÃES (DESEMBARGADOR CONVOCADO DO TRF 5ª REGIÃO), Data de Julgamento: 02 ago. 2018, T4 — QUARTA TURMA, data de publicação: DJe 04/09/2018).

O Código de Ética Médica (2018) proíbe o médico de deixar de obter o termo de consentimento informado da paciente ou de seu representante legal após esclarecer o procedimento a ser realizado, salvo em caso de risco iminente de morte.

A ressalva de dispensa da obtenção do termo de consentimento informado é questão de emergência, em que o médico fica dispensado, pois o que se espera nessas situações é o agir imediato do médico para salvar a vida da paciente, em obediência ao princípio da beneficência, devendo o médico, posteriormente, fazer o termo e registrá-lo no prontuário da paciente.

Nesse mesmo sentido, o art. 34 do mesmo diploma legal proíbe o médico de deixar de informar à paciente o diagnóstico, o prognóstico, os riscos e os objetivos do tratamento, salvo quando a comunicação direta possa lhe provocar danos, devendo, nesse caso, fazer a comunicação a seu representante legal. A ressalva aqui é quando a informação dada puder acarretar maiores danos à paciente, ou quando própria paciente não quer saber informações do seu quadro de saúde, o que se chama, no Direito Médico, de privilégio terapêutico, o que autoriza ao médico informar ao representante legal.

Todos os profissionais da saúde, tanto suplementar (saúde privada) quanto pública (SUS), são obrigados a respeitar a autonomia da paciente por meio do adimplemento do dever informacional.

O direito à informação é um direito constitucional fundamental, previsto no art. 5º, inciso XIV, da Constituição Federal de 1988 (BRASIL, 1988), na qual é assegurado a todos o acesso à informação e resguardado o sigilo da fonte, quando necessário ao exercício profissional.

A Lei n.º 8.080/1990, que regulamenta o SUS no Brasil, em seu art. 7º, inciso V, deixa visível que todos os usuários deverão ter acesso à informação sobre sua saúde.

Já na saúde suplementar, aplica-se o Código de Defesa do Consumidor (CDC) que, no art. 6º, elenca vários direitos dos consumidores, entre eles o direito à informação adequada e clara sobre os diferentes produtos e serviços, com especificação correta de quantidade, características, composição, qualidade, tributos incidentes e preço, bem como sobre os riscos que apresentem.

O direito impede que as pacientes gestantes tenham todas as informações acerca do trabalho de parto, da evolução e todos e quaisquer procedimentos adotados pela equipe de saúde vazados. É importante fazer com que esse direito seja cumprido, estando munidas de informações do Direito intercalado com a Medicina. Entendo que não seja fácil, mas uma paciente bem instruída terá grandes possibilidades de evitar ser mais uma vítima de violência obstétrica. Portanto, tudo deve ser registrado no prontuário, pois o prontuário é o guia da paciente, é o documento que será essencial para se defender.

4.3 Acesso ao prontuário da paciente

Antes de discutir acerca do direito da paciente em ter acesso ao seu prontuário, é importante trazer o que de fato é o prontuário médico, isto é, o prontuário da paciente.

O prontuário médico da paciente é o documento mais importante na relação médico-paciente, pois é por meio dele que o profissional de saúde vai registrar todos os atos praticados na paciente. Assim, esse documento é o mais elementar meio de prova para defesa da paciente e salvaguarda de seus direitos, bem como o meio de defesa do médico ou de qualquer profissional de saúde.

Logo, no prontuário da paciente deve o profissional de saúde registrar a anamnese (entrevista com a paciente), todo o histórico da saúde, os atos praticados, exames, evolução médica, evolução de enfermagem, enfim, tudo que for praticado na paciente.

Veja que tudo deve ser registrado no prontuário da paciente, inclusive as manobras indevidamente praticadas, tais como manobra de Kristeller e toques excessivos. Aqui está uma grande questão, pois muitas informações dos atos praticados na paciente não são registradas no prontuário, o que demonstra uma verdadeira maleficência, pois se não houve registro é porque o profissional de saúde estava ciente de que determinada prática realizada era indevida, posto que uma vez registrada no prontuário, tal conduta cria prova contra si.

A não anotação de toda prática realizada na paciente no prontuário é verdadeiramente muito prejudicial a se provar os danos. Assim, tudo que for realizado na paciente deve constar do prontuário médico, de forma cronológica, abrangendo dia, horário e nome do profissional de saúde responsável pelo registro.

A Resolução do Conselho Federal de Medicina de n.º 1.638/2002, atualizada pela Resolução 2.218/2018, conceitua prontuário médico como o documento único constituído de um conjunto de informações, sinais e imagens registradas, geradas com base em fatos, acontecimentos e situações sobre a saúde do paciente e a assistência a ele prestada, de caráter legal, sigiloso e científico, que possibilita a comunicação entre membros da equipe multiprofissional e a continuidade da assistência prestada ao indivíduo.

O art. 5º da referida Resolução n.º 1.638/2002 expõe que, no prontuário, deve constar, obrigatoriamente:

> Art. 5º Compete à Comissão de Revisão de Prontuários:
>
> I) Observar os itens que deverão constar obrigatoriamente do prontuário confeccionado em qualquer suporte, eletrônico ou papel:

a) Identificação do paciente - nome completo, data de nascimento (dia, mês e ano com quatro dígitos), sexo, nome da mãe, naturalidade (indicando o município e o estado de nascimento), endereço completo (nome da via pública, número, complemento, bairro/distrito, município, estado e CEP);

b) Anamnese, exame físico, exames complementares solicitado-se seus respectivos resultados, hipóteses diagnósticas, diagnóstico definitivo e tratamento efetuado;

c) Evolução diária do paciente, com data e hora, discriminação de todos os procedimentos aos quais o mesmo foi submetido e identificação dos profissionais que os realizaram, assinados eletronicamente quando elaborados e/ou armazenados em meio eletrônico;

d) Nos prontuários em suporte de papel é obrigatória a legibilidade da letra do profissional que atendeu o paciente, bem como a identificação dos profissionais prestadores do atendimento. São também obrigatórias a assinatura e o respectivo número do CRM;

e) Nos casos emergenciais, nos quais seja impossível a colheita de história clínica do paciente, deverá constar relato médico completo de todos os procedimentos realizados e que tenham possibilitado o diagnóstico e/ou a remoção para outra unidade.

II) Assegurar a responsabilidade do preenchimento, guarda e manuseio dos prontuários, que cabem ao médico assistente, à chefia da equipe, à chefia da Clínica e à Direção técnica da unidade.

Diante do afirmado, quando a mulher estiver hospitalizada para dar à luz, ou até mesmo no acompanhamento de pré-natal, ela deve, com o seu acompanhante, exigir que uma conduta realizada seja registrada no prontuário. Eu entendo o quanto seja difícil ter esse raciocínio perante todo o momento de dor, mas o acompanhante é a pessoa que vai ser a voz potencializada a registrar o NÃO, bem como registrar e incluir no prontuário informações, até mesmo fazer retificar o que seja necessário, conforme defende Albuquerque (2020, p. 28).

O direito de acessar sem qualquer ônus o seu prontuário abarca o direito de solicitar que seja retificado e de que seja guardado, armazenado e manuseado que se garanta a confidencialidade dos seus dados. O Direito de acesso ao conteúdo do prontuário não precisa ser justificado para ser exercido, ou seja, o paciente não tem o dever de apresentar motivação para acessar o seu prontuário.

Importante afirmar que por mais que as informações que constarão do prontuário médico ou prontuário da paciente pertençam unicamente à paciente, a guarda do prontuário é do médico, da unidade de saúde, cabendo à paciente e ao acompanhante solicitar acesso ou cópia, embora a via original fique retida na unidade de saúde ou com o médico, que serão guardiões.

No prontuário médico, que é o dossiê de acompanhamento do pré-natal ao parto e pós-parto com os devidos registros, é obrigação do profissional de saúde realizar as devidas anotações. Nesse ponto, registro que o Código de Ética Médica, Resolução de n.º 2217/2018, em seu art. 87, afirma que o médico não pode deixar "de elaborar prontuário legível para cada paciente. § 1º O prontuário deve conter os dados clínicos necessários para a boa condução do caso, sendo preenchido, em cada avaliação, em ordem cronológica com data, hora, assinatura e número de registro do médico no Conselho Regional de Medicina".

Existe o prontuário médico físico e o prontuário eletrônico, de acordo com a mais recente Resolução de n.º 1.821/2007, do Conselho Federal de Medicina—CFM, que aprova as normas técnicas concernentes à digitalização e uso dos sistemas informatizados para a guarda e manuseio dos documentos dos prontuários dos pacientes, autoriza a eliminação do papel e a troca de informação identificada em saúde, afirma que a guarda do prontuário eletrônico é permanente, enquanto que os prontuários físicos (Resolução 1.638/2002) devem ser armazenados pelo médico, clínica ou hospital por 20 (vinte) anos para justamente preservar o direito daquele bebê que fora vítima de violência obstétrica e ingressar com a respectiva ação contra os responsáveis.

A Lei n.º 13.787/2018 afirma que os prontuários em suporte de papel e os digitalizados poderão ser eliminados no prazo de 20 anos a contar do último registro, já os prontuários tipicamente eletrônicos têm a guarda permanente.

Feitas essas considerações, afirmo que o prontuário médico deve estar à disposição da paciente para análise, independentemente do formato, seja físico ou eletrônico (lembrando que mesmo que seja eletrônico, deve haver mecanismos das unidades de saúde públicas ou privadas a viabilizar o seu acesso), mesmo que seja por QR code. Caso seja o prontuário eletrônico, basta a paciente ou seu acompanhante acessarem pelo celular.

Veja o que diz o art. 88 do Código de Ética Médica, afirmando ser vedado ao médico:

> Art. 88. Negar ao paciente ou, na sua impossibilidade, a seu representante legal, acesso a seu prontuário, deixar de lhe fornecer cópia quando solicitada, bem como deixar de lhe dar explicações necessárias à sua compreensão, salvo quando ocasionarem riscos ao próprio paciente ou a terceiros.

O artigo menciona acesso, logo, a qualquer momento que a paciente estiver no hospital ou maternidade, basta requerer o prontuário, que deve estar acessível para que seja possível averiguar as informações do parto nele constantes.

O Poder Judiciário afirma o seguinte sobre o não preenchimento correto e as devidas anotações do estado de saúde da paciente no prontuário:

> AGRAVO INTERNO NO AGRAVO EM RECURSO ESPECIAL. DECISÃO DA PRESIDÊNCIA. RECONSIDERAÇÃO. AÇÃO DE INDENIZAÇÃO. ERRO MÉDICO. FALECIMENTO DE CRIANÇA SAUDÁVEL APÓS PROCEDIMENTO CIRÚRGICO. RESPONSABILIDADE CONFIGURADA. REEXAME DE FATOS E PROVAS. IMPOSSIBILIDADE. DANOS MORAIS. VALOR RAZOÁVEL. AGRAVO PROVIDO PARA CONHECER DO AGRAVO E NEGAR PROVIMENTO AO RECURSO ESPECIAL. 1. Agravo interno contra decisão da Presidência que não conheceu do agravo em recurso especial, em razão da falta de impugnação específica de fundamento decisório. Reconsideração. 2. Na hipótese, a Corte de origem concluiu pela falha na prestação do serviço médico, tendo em vista que a filha dos autores não apresentava problemas de saúde antes do procedimento cirúrgico ortopédico, vindo a falecer após a realização da cirurgia, acentuando que o hospital não apresentou os prontuários médicos, o que impossibilitou reconstituir os fatos que precederam o óbito, sendo que a ausência de perícia, pela falta da documentação necessária, não poderia ser imputada aos autores. A pretensão de revisar tal entendimento demandaria o revolvimento do suporte fático-probatório, o que é inviável em sede de recurso especial, nos termos da Súmula 7/STJ. 3. O valor arbitrado pelas instâncias ordinárias a título de danos morais somente pode ser revisado em sede de recurso especial quando irrisório ou exorbitante. No caso, o montante fixado em R$400.000,00 (quatrocentos mil reais) não se mostra exorbitante nem

desproporcional aos danos suportados, considerado o montante individual devido para cada genitor pela morte da filha saudável de um ano e dois meses de vida. 4. Agravo interno provido para conhecer do agravo e negar provimento ao recurso especial. (STJ — AgInt no AREsp: 1610097 SP 2019/0321202-4, Relator: Ministro RAUL ARAÚJO, Data de Julgamento: 29/06/2020, T4 — QUARTA TURMA, data de publicação: DJe 05/08/2020).

É de extrema importância mencionar que o não devido preenchimento do prontuário da paciente ou omissões registradas no prontuário é falha ética grave, a exemplo, verifica-se:

RECURSO ESPECIAL. AÇÃO DE INDENIZAÇÃO. DANOS MORAIS. PENSIONAMENTO. RESPONSABILIDADE CIVIL. PROFISSIONAL MÉDICO. TEORIA DA RESPONSABILIDADE CIVIL SUBJETIVA. CULPA CONFIGURADA. NEGLIGÊNCIA. OBRIGAÇÃO DE INDENIZAR. CABIMENTO. NEXO DE CAUSALIDADE. PRONTUÁRIO MÉDICO. PREENCHIMENTO. OMISSÃO. PRESSUPOSTO ATENDIDO. DEVER DE CUIDADO E DE ACOMPANHAMENTO. VIOLAÇÃO DEMONSTRADA. TEORIA DA CAUSALIDADE ADEQUADA. APLICAÇÃO. 1. Recurso especial interposto contra acórdão publicado na vigência do Código de Processo Civil de 1973 (Enunciados Administrativos n.os 2 e 3/STJ). 2. Cinge-se a controvérsia a definir: (i) qual a natureza da responsabilidade civil do profissional liberal (médico), se objetiva ou subjetiva, no caso dos autos, e (ii) se há nexo de causalidade entre o resultado (sequelas neurológicas graves no recém-nascido decorrentes de asfixia perinatal) e a conduta do médico obstetra que assistiu o parto. 3. A jurisprudência do Superior Tribunal de Justiça encontra-se consolidada no sentido de que a responsabilidade civil dos profissionais médicos depende da verificação de culpa (art. 14, § 4º, do CDC). Aplicação da teoria da responsabilidade subjetiva. Precedentes. 3. O nexo de causalidade como pressuposto da responsabilidade civil é mais bem aferido, no plano jurídico-normativo, segundo a teoria da causalidade adequada, em que a ocorrência de determinado fato torna provável a ocorrência do resultado. 4. No caso em apreço, a conduta deliberada do médico em omitir o preenchimento adequado do prontuário revela, juridicamente, falta de cuidado e de acompanhamento adequado para com a paciente, descurando-se de deveres que lhe competiam e que, se observados, poderiam conduzir a resultado diverso ou, ainda que o evento danoso tivesse que acontecer de qualquer maneira, pelo menos demonstrar que toda a diligência esperada e possível foi empregada, podendo o profissional inclusive valer-se desses mesmos registros para subsidiar a sua defesa. 5. Recurso especial não provido. (STJ — REsp: 1698726 RJ 2017/0046633-7, Relator: Ministro RICARDO VILLAS BÔAS CUEVA, Data de Julgamento: 01 jun. 2021, T3 — TERCEIRA TURMA, data de publicação: DJe 08/06/2021).

Esse julgado deixa notório que o não preenchimento do prontuário da paciente (e aqui inclui-se o partograma), de acordo com a dinâmica dos fatos, caracterizará práticas de danos de violência obstétrica ou omissão, negligência de assistência ao parto[12].

4.4 Direito à acompanhante

Uma prática muito corrente no Sistema de Saúde Pública e Suplementar/Privada é a parturiente, no pré-parto, parto e pós-parto, ter o direito ao acompanhante da sua livre escolha restringido ou negado pela instituição de saúde, ora pela alegação de que não há suporte para recepcioná-lo, ora pela alegação de que as condições de saúde da parturiente não permitem a sua presença, o que não tem guarida pela legislação vigente.

---

[12] APELAÇÃO. Responsabilidade civil. Parto. Placenta prévia. Óbito da gestante por complicações no momento da cirurgia cesárea. Gratuidade judiciária. COOPERATIVA DOS PROFISSIONAIS DE SAÚDE – COOPERPAS 10, sem fins lucrativos, atualmente em fase de liquidação judicial. Conclusão pela hipossuficiência financeira que permite a concessão da benesse. Cerceamento de defesa. Afastamento. Prerrogativa de indeferimento de diligências inúteis, caso evidenciada a presença de elementos suficientes para a formação do seu convencimento do julgador. Exegese dos arts. 130 e 131 do CPC. 3. Mérito. Quadro clínico peculiar, que demandava cuidados médicos diferenciados, dentre os quais, agendamento prévio do parto, o que, ao que tudo indica, não foi feito. Realização de cirurgia em pronto-socorro não equipado para as possíveis complicações da cesárea, por conta do prévio e conhecido histórico da parturiente. Perícia médica indireta quanto à dinâmica dos fatos, apontando falha do nosocômio quando do preenchimento do prontuário médico da paciente, feito de forma lacunosa e abaixo dos padrões esperados. Falha na prestação do serviço, caracterizando culpa na modalidade negligência. Prepostos dos réus que não demonstraram a adoção dos procedimentos mínimos imprescindíveis à condição da gestante. Falha administrativo-profissional abaixo até mesmo do baixíssimo índice de eficiência do serviço público brasileiro. Dano moral indenizável configurado. 'Quantum' indenizatório fixado adequadamente, com observação de critérios de moderação e razoabilidade, especialmente considerado o caráter pedagógico e preventivo da condenação. Inaplicabilidade da Lei n.º 11.960/09, porque declarada inconstitucional por arrastamento pelo Supremo Tribunal Federal. Agravo retido do MUNICÍPIO DE SÃO PAULO não conhecido e apelação por ele interposta não provida; agravo retido da COOPERATIVA DOS PROFISSIONAIS DE SAÚDE – COOPERPAS 10 (pretendendo a prova testemunhal) não provido e apelação por ela interposta provida em pequena parte, apenas para a concessão da gratuidade judiciária, mantidos os demais termos da r. sentença proferida monocraticamente. (TJ-SP — APL: 00317757420008260053 SP 0031775-74.2000.8.26.0053, Relator: Oswaldo Luiz Palu, Data de Julgamento: 26/08/2015, 9ª Câmara de Direito Público, data de publicação: 26/08/2015).

Pois bem, recentemente foi promulgada a Lei n.º 14.737/2023, que alterou a Lei n.º 8.080/1990 para garantir às mulheres o direito de ter um acompanhante durante consultas, exames e procedimentos realizados em unidades de saúde públicas ou privadas.

> Art. 19-J. Em consultas, exames e procedimentos realizados em unidades de saúde públicas ou privadas, toda mulher tem o direito de fazer-se acompanhar por pessoa maior de idade, durante todo o período do atendimento, independentemente de notificação prévia.
>
> § 1º O acompanhante de que trata o caput deste artigo será de livre indicação da paciente ou, nos casos em que ela esteja impossibilitada de manifestar sua vontade, de seu representante legal, e estará obrigado a preservar o sigilo das informações de saúde de que tiver conhecimento em razão do acompanhamento.
>
> § 2º No caso de atendimento que envolva qualquer tipo de sedação ou rebaixamento do nível de consciência, caso a paciente não indique acompanhante, a unidade de saúde responsável pelo atendimento indicará pessoa para acompanhá-la, preferencialmente profissional de saúde do sexo feminino, sem custo adicional para a paciente, que poderá recusar o nome indicado e solicitar a indicação de outro, independentemente de justificativa, registrando-se o nome escolhido no documento gerado durante o atendimento.
>
> § 2º-A Em caso de atendimento com sedação, a eventual renúncia da paciente ao direito previsto neste artigo deverá ser feita por escrito, após o esclarecimento dos seus direitos, com no mínimo 24 (vinte e quatro) horas de antecedência, assinada por ela e arquivada em seu prontuário.
>
> § 3º As unidades de saúde de todo o País ficam obrigadas a manter, em local visível de suas dependências, aviso que informe sobre o direito estabelecido neste artigo.
>
> § 4º No caso de atendimento realizado em centro cirúrgico ou unidade de terapia intensiva com restrições relacionadas à segurança ou à saúde dos pacientes, devidamente justificadas pelo corpo clínico, somente será admitido acompanhante que seja profissional de saúde.
>
> § 5º Em casos de urgência e emergência, os profissionais de saúde ficam autorizados a agir na proteção e defesa da saúde e da vida da paciente, ainda que na ausência do acompanhante requerido. (NR).

Antes, o direito ao acompanhante era regulamentado pela Lei 11.108/2005, que garantia às parturientes o direito de ter um acompanhante durante o período de trabalho de parto, parto e pós-parto imediato. Contudo, essa lei foi revogada pele Lei n.º 14.737/2023, em que não se mencionam os termos "período de trabalho de parto", "parto" e "pós-parto imediato", ampliando esse direito ao acompanhante para todas as mulheres. Mas eu vejo como um obstáculo, um retrocesso para as mulheres gestantes e parturientes, porque a lei nova menciona que

> [...] no caso de atendimento realizado em centro cirúrgico ou unidade de terapia intensiva com restrições relacionadas à segurança ou à saúde dos pacientes; devidamente justificadas pelo corpo clínico, somente será admitido acompanhante que seja profissional de saúde.

Veja que isso impedirá que as mulheres parturientes tenham acompanhante da sua livre escolha, pois em partos cesarianos, haverá muitas alegações para impedir esse direito pela equipe de saúde sob o argumento de restrições relacionadas à segurança ou à saúde das pacientes!

O Estatuto da Criança e do Adolescente (ECA), Lei n.º 8.069/1990, em seu art. 8º, é categórico ao afirmar que é

> [...] assegurado a todas as mulheres o acesso aos programas e às políticas de saúde da mulher e de planejamento reprodutivo e, às gestantes, nutrição adequada, atenção humanizada à gravidez, ao parto e ao puerpério e atendimento pré-natal, perinatal e pós-natal integral no âmbito do Sistema Único de Saúde.

Além disso, consta no parágrafo 6º que a gestante e parturiente tem direito a 1 (um) acompanhante de sua preferência durante o período do pré-natal, do trabalho de parto e do pós-parto imediato.

Nesse sentido, eu vejo que continua a valer o direito ao acompanhante pela gestante/parturiente nos exatos termos do ECA, ou seja, acompanhante de preferência da mulher, e não o profissional de saúde, nos casos de partos cesarianos, pois a lei n.º 14.737/2023 não alterou a Lei n.º 8.069/1990.

Diante disso, vejo a Lei n.º 14.737/2023 como uma ampliação dos direitos das mulheres, mas discordo do texto do parágrafo 4º do art. 19-J, posto que o legislador cria manobras para a equipe de saúde restringir o acompanhante em partos cesarianos.

A OMS traz recomendações na atenção ao parto normal, elencando o que se deve ser seguido ou não, incluindo o direito ao acompanhante, de preferência da mulher, o que dará apoio à mulher para prevenir a prática de violência obstétrica.

Logo, não há razões para hospitais/maternidades públicas ou privadas negarem esse direito às mulheres. O que se percebe é que as instituições de saúde criam empecilhos ao direito de acompanhante, justamente porque esse é o porta-voz da parturiente. De alguma forma, é o acompanhante que vai ser uma via de prova elementar às supostas práticas e danos desnecessários às mulheres ou danos acarretados aos recém-nascidos.

A falta de estrutura do estabelecimento de saúde não é motivo para se negar o direito ao acompanhante.

As mulheres devem bem lembrar que, no ano de 2022, um médico anestesiologista impediu que houvesse acompanhante na sala de cirurgia, o qual covardemente estuprou a parturiente, estando ela anestesiada!

A Resolução da Diretoria Colegiada n.º 36/2008 da Anvisa reafirma o direito à presença do acompanhante no parto e também estabelece parâmetros para o funcionamento dos serviços que prestam atendimento a partos e nascimentos, sendo que o descumprimento constitui infração de natureza sanitária.

Quanto à Saúde Suplementar, ou seja, a saúde privada, a Resolução de n.º 465/2021, da Agência Nacional de Saúde Suplementar, em seu art. 21, afirma que o plano de saúde hospitalar com obstetrícia:

Art. 21. O Plano Hospitalar com Obstetrícia compreende toda a cobertura definida no art. 19, acrescida dos procedimentos relativos ao pré-natal, da assistência ao parto e puerpério, devendo garantir cobertura para:

I - despesas, incluindo paramentação, acomodação e alimentação, relativas ao acompanhante indicado pela mulher durante:

a) pré-parto;

b) parto; e

c) pós-parto imediato, entendido como o período que abrange dez dias após o parto, salvo intercorrências, a critério médico;

II - assistência ao recém-nascido, filho natural ou adotivo do beneficiário titular, ou de seu dependente, durante os primeiros trinta dias após o parto, isento do cumprimento dos períodos de carência já cumpridos pelo titular; e

III - opção de inscrição do recém-nascido, filho natural ou adotivo do beneficiário titular, ou de seu dependente, isento do cumprimento dos períodos de carência já cumpridos pelo titular, desde que a inscrição ocorra no prazo máximo de trinta dias do nascimento ou adoção.

Parágrafo único. Para fins de cobertura do pré-natal, parto normal e pós-parto listado nos Anexos, este procedimento poderá ser realizado por enfermeiro obstétrico ou obstetriz habilitados, conforme legislação vigente, de acordo com o art. 6º.

Nesse sentido, o Tribunal de Justiça do Estado de São Paulo vem considerando que o impedimento de acompanhante da gestante/parturiente, além de ser uma violência obstétrica, gera danos morais.

RESPONSABILIDADE CIVIL — Dano moral — Atendimento grosseiro e inadequado por parte da médica plantonista – Além disso, o pai foi impedido de acompanhar o parto de seu filho — A presença de um acompanhante no momento do parto não é mera faculdade, que fica a critério do médico ou do hospital, mas direito da parturiente — Lei do Parto Humanizado — Lei n. 11.108/2005 — Reflexo do direito constitucional à dignidade — Impedimento que somente se permite diante de fundado prejuízo à realização do procedimento médico — Dano moral configurado — Quantum indenizatório — Artigo 944, do Código Civil — Princípios da razoabilidade e da proporcionalidade — Estimativa correta — Sentença mantida — Recurso não provido. (TJSP; Apelação Cível 0005635-71.2013.8.26.0562; Relator (a): Mônica de Carvalho; Órgão Julgador: 8ª Câmara de Direito Privado; Foro de Santos — 5ª. Vara Cível; Data do Julgamento: 29/10/2019; Data de Registro: 29/10/2019, grifo meu).

RESPONSABILIDADE CIVIL. DANO MORAL. PROI-BIÇÃO DE ACOMPANHANTE DURANTE O PARTO. 1. Direito da parturiente de ter acompanhante durante o parto. Direito ao parto humanizado como direito fundamental. Consonância da RDC n.º 36, de 03/06/2008, da ANVISA, e Resolução Normativa n.º 428 da ANS, de 07/11/2017. Recomendação da Organização Mundial da Saúde. Ainda que se entendesse que o art. 19-J da Lei 8.080/1990, acrescido pela Lei 11.108/2005 (Lei do Acompanhante), apenas se aplica ao SUS, isso não implica dizer que a lei desobrigou as instituições privadas da garantia de possibilidade de acompanhante no parto, por uma questão de dignidade humana e com base em regulamentações de órgãos técnicos do setor. Irrelevância de se tratar de parto por cesariana. Precedentes. Direito reconhecido. 2. Danos morais. Ato ilícito reconhecido. Abalo extrapatrimonial configurado. Negativa que se deu em momento de grande vulnerabilidade da autora. Momento que corresponde a um dos mais esperados na vida de qualquer casal, de tal sorte que, quanto a esse filho, jamais poderá a autora e seu marido vivenciar novamente esse momento. Quantum indenizatório fixado em patamar razoável, de forma a compensar o dano experimentado, sem, contudo, ensejar enriquecimento sem causa. 3. Recurso parcialmente provido. (TJ-SP — AC: 10072914820178260322 SP 1007291-48.2017.8.26.0322, Relator: Mary Grün, Data de Julgamento: 28/05/2019, 7ª Câmara de Direito Privado, data de publicação: 28/05/2019).

Uma questão importante a se mencionar aqui é que não somente a gestante é vítima de violência obstétrica, mas também o pai que for proibido de acompanhar o nascimento de seu filho, bem como o próprio bebê. Todos são vítimas e devem ser indenizados por danos reflexos.

4.5 Opção pelo parto via cirurgia

A OMS recomenda que sejam realizados partos por cirurgia cesárea no percentual aceitável de até 15% (quinze por cento). Contudo, no Brasil, a taxa de parto via cesárea aproxima-se de 60% (sessenta por cento), um número extremamente elevado. E esse percentual é ainda maior na saúde suplementar.

Mas por que se realizam tantos partos via cesárea? Uma grande hipótese é que as mulheres acreditam que ao serem submetidas ao parto cesáreo, não serão vítimas de violência obstétrica, mas, infelizmente, a modalidade de parto não impede o impedimento de práticas de violência obstétrica.

Sabemos que qualquer ato cirúrgico tem riscos, incluindo-se aqui o parto cesáreo, no qual várias camadas são cortadas até chegar ao útero, o que potencializa os riscos de hemorragia e infecção, como bem afirmou a professora Marlise de Oliveira Pimentel Lima, do curso de Obstetrícia da Escola de Artes, Ciência e Humanização da Universidade de São Paulo, entrevistada em uma matéria publicada no jornal da USP, intitulada "Brasil tem o segundo maior número de cesáreas no mundo, apesar dos riscos":

> [...] esses dados apontam um aumento na morbimortalidade materna e perinatal e representam uma grave distorção na assistência à saúde, com desperdício de dinheiro público e privado, com intervenções cirúrgicas desnecessárias, em patamares muito acima do aceitável, expondo a mulher e criança a riscos como infecções, hemorragias, prematuridade, aumentando a mortalidade materna e perinatal (Lima, 2023, s/p).

O parto deve ser realizado por cesárea nas seguintes hipóteses: quando houver prolapso de cordão (quando o cordão umbilical sai antes do bebê) com dilatação não completa; descolamento prematuro da placenta com feto vivo e fora do período expulsivo; placenta prévia completa (quando a placenta está tampando o colo do útero); apresentação transversa ou córmica (quando o bebê está atravessado na barriga); ruptura da vasa prévia e herpes genital com lesão ativa no momento em que se inicia o trabalho de parto.

Uma questão aqui deve ser dita, na verdade, uma dicotomia quanto à cesariana, pois, às vezes, essa modalidade de parto é imposta pelo médico por conveniência. Em outro viés, esse direito é negado pelo médico ou pela instituição de saúde. Aqui, essas duas questões consistem em violência obstétrica, e explicarei o porquê.

A via de escolha do parto, diante da autonomia da paciente, compete a ela, logo, se ela optou e requer que seja realizado o seu parto cesariano, deve o médico atender a esse desejo, de acordo com a Resolução 2.217/2018 do CEM, em que, no art. 31, afirma-se que o médico não pode desrespeitar o direito da paciente ou de seu representante legal de decidir livremente sobre a execução de práticas diagnósticas ou terapêuticas, salvo em caso de iminente risco de morte. Nesse ponto, apenas cabe ao médico orientar a paciente e informar os riscos, efeitos colaterais e complicações em uma linguagem de fácil compreensão da mulher. Todavia, se o profissional contrapuser a vontade e a autonomia da mulher, comete violência obstétrica, além de um ilícito ético.

Nessa mesma linha de garantia de direito da gestante, o art. 24 do CEM afirma que o médico fica proibido de não garantir à paciente o exercício do direito à decisão livremente sobre sua pessoa, tomada de decisão para seu próprio bem-estar, bem como exercer sua autoridade para limitá-lo.

Não se pode admitir que o parto seja induzido, ficando a mulher por horas sofrendo, clamando por uma cirurgia, e só em último caso o médico decidir fazer o parto cesariano. Eu entendo que essa conduta é violência obstétrica.

Inclusive, há hospitais que só fazem parto por cesariana, o que é um verdadeiro absurdo! Então, se a mulher quer o parto via cesariana e o médico não atender ao seu pedido, é violência obstétrica; se a mulher quer o parto normal e o médico insistir em realizar o parto via cesariana, com persuasão da mulher, é violência obstétrica.

Por mais que a OMS e as evidências científicas sejam consentâneas no sentido de que o parto normal é o mais benéfico, há que se defender a autonomia da mulher como protagonista do parto.

No Estado de São Paulo, a Lei n.º 17.137[13] de 2019 garante às gestantes o direito de pedir que o parto seja via cesariana, em respeito à autonomia da mulher.

Ademais, a lei afirma que a cesariana a pedido da parturiente só será realizada a partir de 39 (trinta e nove) semanas de gestação, após ter a parturiente sido conscientizada e informada acerca dos benefícios do parto normal e dos riscos de sucessivas cesarianas, além de que a decisão deverá ser registrada em termo de consentimento livre e esclarecido, elaborado em linguagem de fácil compreensão.

Por mais que haja críticas a essa Lei, a meu ver, ela atende de forma ampliada aos anseios e aos direitos das mulheres, e embora o médico seja o profissional técnico, conforme já mencionado, não compete a ele decidir a seu bel-prazer.

A Lei, apesar de curta, respeita tanto a autonomia da paciente quanto a autonomia do médico, pois se o médico criar objeção de consciência, deverá encaminhar a paciente a outro profissional.

---

13 Lei n.º 17.137, de 23 de agosto de 2019.
Artigo 1º — A parturiente tem direito à cesariana a pedido, devendo ser respeitada em sua autonomia.
§ 1º — A cesariana a pedido da parturiente só será realizada a partir de 39 (trinta e nove) semanas de gestação, após ter a parturiente sido conscientizada e informada acerca dos benefícios do parto normal e dos riscos de sucessivas cesarianas.
§ 2º — A decisão deverá ser registrada em termo de consentimento livre e esclarecido, elaborado em linguagem de fácil compreensão.
§ 3º — Na eventualidade de a opção da parturiente pela cesariana não ser observada, ficará o médico obrigado a registrar as razões em prontuário.
Art. 2º — A parturiente que optar ter seu filho por parto normal, apresentando condições clínicas para tanto, também deverá ser respeitada em sua autonomia.
Parágrafo único - Garante-se à parturiente o direito à analgesia, não farmacológica e farmacológica.
Art. 3º — Nas maternidades, nos hospitais que funcionam como maternidades e nas instituições afins, será afixada placa com os seguintes dizeres: "Constitui direito da parturiente escolher a via de parto, seja normal, seja cesariana (a partir de trinta e nove semanas de gestação)".
Art. 4º — O médico sempre poderá, ao divergir da opção feita pela parturiente, encaminhá-la para outro profissional.

4.6 Direito ao plano de parto

O plano de parto é uma diretiva antecipada de vontade ou testamento vital, regulamentado pela Resolução do Conselho Federal de Medicina de n.º 1.995/2012, que define diretivas antecipadas de vontade, como o conjunto de desejos, prévia e expressamente manifestados pela paciente sobre cuidados e tratamentos que quer ou não receber no momento em que estiver incapacitada de expressar, livre e autonomamente, sua vontade.

Importante frisar que o testamento vital e as diretivas antecipadas de vontade ou plano de parto têm por fundamento preservar a sua autonomia, pois tais documentos são realizados quando a paciente está em plena capacidade civil, para invocá-lo quando não mais puder expressar a sua vontade, situação em que o seu representante, familiar ou procurador tomará a frente.

Infelizmente, não há no Brasil uma lei que regulamente a diretiva antecipada de vontade/testamento vital e, por esse motivo, muitos profissionais de saúde e hospitais não o cumprem. Porém, mesmo não sendo regulamento por lei, aplica-se o princípio constitucional da dignidade da pessoa humana, o art.15 do Código Civil Brasileiro, que prevê que ninguém dever ser submetido a tratamento médico contra a sua vontade ou com risco de vida. Logo, uma vez registrado esse documento, ele dever ser respeitado, arcando aquele que vier a descumprir com as devidas responsabilidades.

Já em Portugal, as Diretivas Antecipadas de Vontades/Testamento Vital são regulamentadas pela Lei n.º 25/2012[14], composta por quatro

---

14   Art. 2, da Lei Portuguesa 25/2012: 1 — As diretivas antecipadas de vontade, designadamente sob a forma de testamento vital, são o documento unilateral e livremente revogável a qualquer momento pelo próprio, no qual uma pessoa maior de idade e capaz, que não se encontre interdita ou inabilitada por anomalia psíquica, manifesta antecipadamente a sua vontade consciente, livre e esclarecida, no que concerne aos cuidados de saúde que deseja receber, ou não deseja receber, no caso de, por qualquer razão, se encontrar incapaz de expressar a sua vontade pessoal e autonomamente.
2 — Podem constar do documento de diretivas antecipadas de vontade as disposições que expressem a vontade clara e inequívoca do outorgante, nomeadamente:
a) Não ser submetido a tratamento de suporte artificial das funções vitais;
b) Não ser submetido a tratamento fútil, inútil ou desproporcionado no seu quadro clínico e de acordo com as boas práticas profissionais, nomeadamente no que concerne às medidas de suporte básico de vida e às medidas de alimentação e hidratação artificiais que apenas visem retardar o processo natural de morte;
c) Receber os cuidados paliativos adequados ao respeito pelo seu direito a uma intervenção global no sofrimento determinado por doença grave ou irreversível, em fase avançada, incluindo uma terapêutica sintomática apropriada;
d) Não ser submetido a tratamentos que se encontrem em fase experimental;
e) Autorizar ou recusar a participação em programas de investigação científica ou ensaios clínicos.

capítulos e 18 artigos. Tal lei elenca certos requisitos, tais como a forma do documento, os requisitos, os limites das diretivas antecipadas de vontades, a eficácia do documento, o prazo de validade e a nomeação de procurador de cuidados de saúde pelo declarante. Além disso, a lei cria uma base de registros das diretivas antecipadas de vontades: o Registro Nacional de Testamento Vital (Rentev).

Por questão de segurança jurídica, as diretivas antecipadas de vontades em Portugal ficam em um sistema para consulta pela equipe médica, diferentemente do Brasil, que tem apenas uma resolução que não tem força de lei.

Por isso é importante que o seu plano de parto ou diretiva antecipada de vontade seja registrada em um cartório de notas para que, assim, tenha mais efetividade.

Como a própria resolução brasileira e a Lei de Portugal afirmam, a diretiva antecipada de vontade (que aqui chamaremos de plano de parto) nada mais que o conjunto de vontade expresso pela gestante em um documento no qual será elencado como o parto deve ser realizado, o que pode ou não ser realizado no corpo da paciente, como a não realização de episiotomia; a não realização de tricotomia (raspagem dos pelos pubianos); a realização ou não de cesariana; a administração ou não de analgesia para amenização de dores; a presença ou ausência de doula/parteira; se prefere estourar a bolsa artificialmente (amniotomia); liberdade de dar à luz na posição que melhor for confortável; e a não realização de quaisquer manobras de puxos, tais como a manobra de Kristeller etc.

Importante deixar esclarecido que nenhum direito é absoluto, e digo isso porque, se no decorrer do parto, o médico adotar alguma conduta diversa das elencadas no plano de parto, por algum motivo de emergência, com amparo legal para salvar a vida da parturiente, do feto ou para evitar maiores danos, esse profissional estará isento de responsabilidade.

O plano de parto, devidamente impresso, assinado e registrado no cartório (apesar de que não há óbices para que seja verbal e anotado no prontuário da paciente) deverá ser entregue ao médico ou ao hospital/maternidade, para que seja anexado ao prontuário médico, conforme prevê o parágrafo 4º do art. 2º, da Resolução do Conselho Federal de Medicina, Res. 1.995/2012, segundo o qual o médico deve registrar no prontuário as diretivas antecipadas de vontades que lhes foram diretamente comunicadas pela paciente.

A jurisprudência do TJSP tem dado validade ao testamento vital, com base na Resolução 1.995/2012 do Conselho Federal de Medicina, afirmando que o testamento vital deve ser registrado no cartório extrajudicial, dispensando-se a chancela do Poder Judicial[15].

Um dado especialmente importante é que se a paciente registrar uma diretiva antecipada de vontade, não designando um representante e não havendo um familiar disponível, ou havendo a falta de consenso entre eles, ocasionando consequências graves do parto e deixando a paciente incapaz de se manifestar, deve o médico recorrer ao Comitê de Bioética da instituição, caso exista, ou, na falta deste, à Comissão de Ética Médica do hospital ou ao Conselho Regional e Federal de Medicina para fundamentar sua decisão sobre conflitos éticos, quando entender essa medida como necessária e conveniente.

Quanto às Diretivas Antecipadas de Vontades, Testamento Vital, Plano de Parto, nós, como sociedade e, principalmente, os profissionais de saúde, devemos evoluir para que se respeite a real vontade da paciente, até mesmo porque, no Brasil, como assevera Dadalto (2022, p. 47), o testamento vital é um instituto ainda pouco conhecido. Não se pode olvidar que a experiência estrangeira acerca de tal documento é de grande valia para uma análise detalhada do instituto e de como ele tem sido aplicado, a fim de orientar a construção de parâmetros jurídicos para a feitura e efetivação do testamento vital no ordenamento jurídico brasileiro.

Deixo aqui elucidado que o plano de parto é um instrumento essencial que pode evitar que mulheres sejam vítimas de violência obstétrica. Mas devemos entender que a elaboração do documento físico não é uma garantia de que será cumprido, e caso seja descumprido, a paciente terá grande elemento de prova para apresentar ao judiciário.

---

[15] JURISDIÇÃO VOLUNTÁRIA. DIRETIVAS ANTECIPADAS DE VONTADE. ORTOTANÁSIA. Pretensão de estabelecer limites à atuação médica no caso de situação futura de grave e irreversível enfermidade, visando o emprego de mecanismos artificiais que prologuem o sofrimento da paciente. Sentença de extinção do processo por falta de interesse de agir. Manifestação de vontade na elaboração de testamento vital gera efeitos independentemente da chancela judicial. Jurisdição voluntária com função integrativa da vontade do interessado cabível apenas aos casos previstos em lei. Manifestação que pode ser feita por meio de cartório extrajudicial. Desnecessidade de movimentar o Judiciário apenas para atestar sua sanidade no momento da declaração de vontade. Cartório Extrajudicial pode atestar a livre e consciente manifestação de vontade e, caso queira cautela adicional, a autora poderá se valer de testemunhas e atestados médicos. Declaração do direito à ortotanásia. Autora que não sofre de qualquer doença. Pleito declaratório não pode ser utilizado em caráter genérico e abstrato. Falta de interesse de agir verificada. Precedentes. Sentença de extinção mantida. Recurso não provido. (TJ-SP — AC: 10009381320168260100 SP 1000938-13.2016.8.26.0100, Relator: Mary Grün, Data de Julgamento: 10/04/2019, 7ª Câmara de Direito Privado, data de publicação: 11/04/2019).

4.7 Direito à segunda opinião médica

O direito à segunda opinião está atrelado ao princípio da autonomia da paciente, ou seja, o poder da paciente em autorizar ou não procedimentos no seu corpo.

Quando falamos em segunda opinião, esse é o direito da paciente, frente à sua autonomia, a buscar um segundo parecer de outro profissional médico independente sobre o diagnóstico de seu estado de saúde antes aferido pelo primeiro médico.

O direito à segunda opinião está previsto no art. 39 do CEM, que diz que o médico está proibido de se opor à realização de junta médica ou segunda opinião solicitada pela paciente ou por seu representante legal.

Assim, temos o seguinte exemplo: imagine uma gestante internada para dar à luz com o feto sem sofrimento fetal, com líquido amniótico claro. O médico obstetra opta pela realização de parto cesariano. Contudo, a paciente não gostaria de ser submetida à cirurgia cesariana. Nesse caso, a paciente tem o direito a uma segunda opinião, buscando outro médico obstetra para confirmar a necessidade do parto cesariano.

Um grande questionamento que pode surgir é o seguinte: e o cooperativismo dos profissionais de saúde, em especial, os médicos? Será que um vai contra a opinião do outro? Outro questionamento: o SUS vai mesmo atender a esse direito?

Quanto ao primeiro questionamento, o médico tem autonomia para agir livremente, independentemente das imposições do estabelecimento de saúde ao qual está vinculado. O CEM afirma que

> [...] o médico exercerá sua profissão com autonomia, não sendo obrigado a prestar serviços que contrariem os ditames de sua consciência ou a quem não deseje, excetuadas as situações de ausência de outro médico, em caso de urgência ou emergência, ou quando sua recusa possa trazer danos à saúde do paciente.

O médico não pode deixar de exercer a sua autonomia para atender a interesses de seus superiores e da instituição de saúde à qual está vinculado para o fim de prejudicar a paciente. Segundo o Código de Ética Médica de 2018, "O médico não pode, em nenhuma circunstância ou sob nenhum pretexto, renunciar à sua liberdade profissional, nem permitir quaisquer restrições ou imposições que possam prejudicar a eficiência e a correção de seu trabalho".

Há rumores, lamentavelmente de situações possíveis, em que o paciente é prejudicado em razão de interesses da instituição de saúde ou da operadora de saúde, com prescrição e indicação médica de procedimentos mais em conta e, por vezes, menos benéficos.

Se isso ocorrer, esse médico se tornou conivente com um procedimento desnecessário e menos benéfico para a paciente, estando em descumprimento com uma norma deontológica. Portanto, responderá a uma sindicância ou a um processo ético profissional frente ao Conselho Regional de Medicina, posto que compete ao médico apontar falhas em normas, contratos e práticas internas das instituições em que trabalhe quando julgá-las indignas do exercício da profissão ou prejudiciais a si mesmo, ao paciente ou a terceiros, devendo comunicá-las ao Conselho Regional de Medicina de sua jurisdição e à Comissão de Ética da instituição, quando houver.

Além de responder a processo ético profissional, o médico responderá, ainda, a processo por reparação civil e, a depender, a processo criminal por lesão corporal.

Quanto à segunda indagação, mesmo sendo no SUS, o direito à segunda opinião deve ser respeitado e cumprido, pois faz parte do direito fundamental e social da Saúde. A falta de médico e de estrutura não pode embasar a negativa do direito da paciente a uma segunda opinião.

Nas palavras de Albuquerque (2020, p. 27), ao dissecar o direito da segunda opinião,

> [...] quando o paciente recebe um diagnóstico ou uma proposta terapêutica, ele tem o direito, para se sentir seguro ou para tomar uma decisão mais bem informada, de recorrer a outro profissional de saúde. Assim, o direito a segunda opinião consistente no direito do paciente de buscar outro profissional de saúde diferente daquele que emitiu o primeiro diagnóstico e proposta terapêutica preliminar.

O direito à segunda opinião é muito importante, ele salva vidas. Todos os seres humanos erram, os médicos erram, profissionais da saúde erram; a decisão do médico não é soberana, e o paciente deve ter voz ativa, deve ser escutado!

Recentemente, o Instituto Brasileiro de Direito do Paciente (IBD-PAC) traduziu o relatório de Martha, que foi um caso que teve grande repercussão no Reino Unido, onde uma menina, Martha Mills, de 13 anos, sofreu um acidente de bicicleta lesionando o pâncreas e veio a falecer em decorrência de sepse que poderia ter sido evitada, caso tivesse sido transferida da enfermaria para os cuidados intensivos. Essa jovem, por mais que a mãe implorasse por uma segunda opinião e transferência da menor, não teve esse direito cumprido, e "um dos motivos pelos quais isso não aconteceu foi a assimetria de poder entre os pais de Martha e a equipe de profissionais".

Nesse caso, os pais de Martha foram totalmente negligenciados, não tiveram informações dos cuidados de saúde prestados à sua filha.

Observe o relato da mãe de Martha, Merope Mills, sobre a falha da prestação de serviço de saúde, o descumprimento do dever de informar, a ausência de anotação no prontuário e a impossibilidade de invocar uma segunda opinião médica.

> Não tive escolha senão aceitar o que me foi dito; eu não tive acesso a nenhuma anotação sobre os cuidados de Martha (descobriu-se que os profissionais, com uma exceção, na verdade não fizeram os registros no seu prontuário). Não fomos informados sobre um acúmulo de fluido ao redor do coração de Martha, o que foi outro sinal de sepse (talvez porque tenha sido decidido adiar o exame de scanner até depois do feriado). Isso foi outra expressão de "nós" e "eles".

A regra de Martha é:

> [...] um sistema de escalonamento rápido de resposta, dentro de um hospital, em caso de suspeita de agravamento do estado geral ou de preocupação séria em relação a um paciente, de modo que outro profissional se desloque para verificar a condição do paciente e analise o seu estado e;
>
> é uma decorrência do direito à segunda opinião dos pacientes e familiares. Várias experiências com Equipes de Respostas Rápidas, pelo mundo, têm demonstrado que evitam mortes, contribuindo para a segurança do paciente, e que não são utilizadas de forma inadequada pelos pacientes e familiares, bem como não acarretam mais custos para os hospitais.

Eu creio que se todas as mulheres gestantes e em trabalho de parto fossem devidamente ouvidas, se fosse oportunizada uma segunda opinião, certamente haveria grande diminuição de morte materna e neonatal.

4.8 Direito à privacidade

O direito à privacidade está ligado diretamente à dignidade da pessoa humana, com foco no fato de que todos os seres humanos devem ter a intimidade, a vida privada, a honra e a imagem preservadas.

No que se refere à violência obstétrica, as mulheres em trabalho de parto devem ter sua privacidade, intimidade e honra respeitadas, assim, todos os procedimentos, tais como toque, amnitomia (rompimento artificial da bolsa) e expulsão do feto, devem ocorrer em sala reservada, visando respeitar a privacidade e a intimidade da mulher. Segundo a RDC 36/2008, o Serviço de Atenção Obstétrica e Neonatal deve dispor de infraestrutura física baseada na proposta assistencial, atribuições, atividades, complexidade, porte, grau de risco e com ambientes e instalações necessários à assistência e à realização dos procedimentos com segurança e qualidade.

A Resolução da Diretoria Colegiada da Anvisa também prevê a garantia da privacidade da parturiente e de seu acompanhante, proporcionando condições que permitam a deambulação e movimentação ativa da mulher, desde que não existam impedimentos clínicos.

4.9 Direito de não ser discriminada

É corolário do nosso Estado Democrático de Direito que todo ser humano dever ser respeitado, independentemente da sua cor, raça e origem, posto que todos somos iguais perante a lei, sem distinção de qualquer natureza, conforme afirma a Constituição Federal (BRASIL, 1988).

A igualdade na assistência dever ser prestada sem preconceitos ou privilégios de qualquer espécie, o que está previsto em tratados e convenções internacionais ratificados pelo Brasil.

Mas será que as mulheres gestantes/parturientes e puérperas são realmente respeitadas na assistência do pré-natal ao período puerpério? A resposta infelizmente é não!

Por mais que seja um direito constitucionalmente garantido, as mulheres são constantemente desrespeitadas, principalmente aquelas que estão em condições de obesidade, vulnerabilidade social e mulheres negras.

Em atendimentos prestados por mim a mulheres gestantes e puérperas, muitas chegaram a comentar que sofreram preconceitos e discriminação pela equipe de saúde em razão de estarem grávidas em idade avançada. Em um desses atendimentos, ouvi que o médico proferiu "a Sra. não tem vergonha de estar grávida com essa idade, você acha que está novinha". Veja que esse tipo de comentário viola a relação médico-paciente, viola os direitos básicos das pacientes, vindo a caracterizar uma violência obstétrica verbal.

Toda paciente tem o direito de ser respeitada, independentemente da cor, origem, idade e peso.

Albuquerque (2020, p. 29) afirma quanto ao direito da paciente de não ser discriminada:

> Significa que seus direitos devem ser exercidos sem discriminação de qualquer tipo, baseada na raça, cor, sexo, linguagem, religião, opinião política ou outra, origem nacional ou social, propriedade, nascimento, deficiência, idade, status marital ou familiar, orientação sexual, identidade de gênero, condição de saúde, local de residência, situação econômica ou social ou outro fator social ou pessoal.

A população negra sofre muito preconceito e discriminação na assistência à saúde. É uma população negligenciada, mulheres negras têm um atendimento muito ruim, aquém do atendimento prestado à população branca. As mulheres negras são menos examinadas.

Quanto à violência obstétrica, está em ascensão o racismo obstétrico, que segundo Daná-Ain (2020, p. 754),

> O termo racismo obstétrico é uma extensão da estratificação racial e está inscrito tanto estigmatização historicamente construída nas mulheres negras como nas lembranças de suas interações com médicos, enfermeiras e outros profissionais médicos durante e após a gestação. O racismo obstétrico é uma ameaça para a vida das mães e para os desfechos neonatais. O termo inclui, mas não se limita a, lacunas críticas de diagnóstico; negligência, desdém e desrespeito; causar dor; e exercer abuso médico por meio de coerção à realização de procedimentos ou de realização de procedimentos sem consentimento. Um fluxo de racismo, segregação e policiamento historicamente constituído informa as interpretações das mulheres sobre esses encontros. O racismo obstétrico emerge especificamente no cuidado obstétrico e coloca as mulheres negras e seus filhos em risco.

Muitas mulheres negras são submetidas a procedimentos médicos sem anestesia, tais como a realização de episiotomia sem anestesia, sob o pretexto de que mulher negra é mais forte, e a não administração de analgesia para dor na parturiente negra, de acordo com a ideia de que ela suporta as dores.

Em outro importante artigo, intitulado "A cor da dor: iniquidades raciais na atenção pré-natal e ao parto no Brasil", Maria do Carmo Leal *et al.* (2017, p. 10), confirmam que as mulheres negras são as que mais são vítimas de violência obstétrica e negligência.

> Os achados deste estudo indicam que, além dos eventos no entorno mais imediato do parto, as desigualdades segundo raça/cor se estendem ao longo do processo mais amplo da gravidez. Mulheres pretas e pardas, além de um pré-natal com menor número de consultas e exames, vinculam-se menos à maternidade para o parto e recebem menos orientações, o que resulta em maior peregrinação para parir. Há impactos também sobre a garantia do direito da mulher ao acompanhante por ocasião do parto, que foi mais violado entre pretas e pardas do que entre brancas, mantido o gradiente de cor. Embora o direito ao acompanhante de livre escolha da gestante seja garantido pela Lei nº 11.108 37, na pesquisa Nascer no Brasil se verificou que 25% das mulheres ainda ficaram sem acompanhantes durante toda a internação para o parto 38. Por várias razões, principalmente a inadequação da ambiência das maternidades para garantir esse direito para todas, ocorre algum tipo de seleção no momento da admissão para o parto. Aquelas que são informadas, conhecedoras dos seus direitos, que fizeram a vinculação durante o pré-natal, que têm relações de parentesco ou amizade com algum profissional de saúde nessa maternidade, podem levar vantagem. Diante dos dados dessa pesquisa, não seria descabido pensar que as pretas e pardas teriam menor chance de serem contempladas. A solidão na internação para o parto se associou com o relato de maior maltrato nos serviços de saúde, pior relação com os profissionais e menor satisfação com a atendimento recebido.

Afirmo que a violência obstétrica, que é uma violência de gênero cometida contra mulheres, independentemente da classe econômica, é uma gestão de saúde pública e de grande violação de direitos humanos das mulheres.

4.10 Direito à recusa terapêutica

A recusa terapêutica é um direito da paciente oriundo da sua autonomia, que tem a paciente como decisor do que é melhor para si, ou seja, a paciente é dona de si.

A recusa terapêutica consiste no direito de a paciente maior de idade, capaz, lúcida, orientada e consciente recusar o tratamento ou intervenção cirúrgica prescrita pelo seu médico. Cabe ressaltar que, no Brasil, não existe uma lei própria para assegurar esse direito à paciente, mas existe o art. 5º, inciso III, da Constituição Federal (Brasil, 1988), que garante como direito fundamental que ninguém será submetido à tortura ou a tratamento desumano ou degradante.

A recusa terapêutica está prevista na Resolução de n.º 2.232/2019 do Conselho Federal de Medicina, no qual se lê, no art. 1º, que a recusa terapêutica é, nos termos da legislação vigente e na forma dessa Resolução, um direito do paciente a ser respeitado pelo médico, desde que esse o informe dos riscos e das consequências previsíveis de sua decisão.

A paciente pode recusar o tratamento medicamentoso ou cirúrgico, cabendo ao médico esclarecer os riscos das consequências que a paciente irá suportar, de acordo com o princípio da informação, e em atendimento a Recomendação n.º 01/2016, do Conselho Federal de Medicina.

Vale esclarecer que diante desse direito, cabe a parturiente recusar procedimentos cirúrgicos desnecessários, tais como cirurgia cesariana sem indicação, aplicação de ocitocina sintética, manobras obstétricas danosas, como episiotomia e manobra de Kristeller, bastando a parturiente recusar de forma incisiva: "NÃO quero que seja realizado esse procedimento em mim", ficando obrigado o profissional de saúde orientar e esclarecer os riscos.

Mas é absoluta a recusa terapêutica?

Como eu já afirmei, eu entendo que nenhum direito é absoluto, pois a recusa terapêutica não pode ser invocada para causar danos a terceiros, como por exemplo, a parturiente recusar uma intervenção e essa recusa causar dano ao feto (terceiro) ou a recusa terapêutica ao tratamento de doença transmissível ou de qualquer outra condição semelhante que exponha a população ao risco de contaminação, profissional de saúde, sabiamente, não irá atender esse pleito. Assim, a recusa terapêutica não deve ser acatada quando restar caracterizado abuso de direito.

O Código Civil Brasileiro está caracterizado no art. 187, no qual se lê que também comete ato ilícito o titular de um direito que, ao exercê-lo, excede manifestamente os limites impostos pelo seu fim econômico ou social, pela boa-fé ou pelos bons costumes.

Nesse sentido, quanto a autonomia da mulher, o Ministério Público Federal de São Paulo propôs uma AÇÃO CIVIL PÚBLICA n.º 5021263-50.2019.4.03.6100, arguindo que o 5º, parágrafo 2º, da Resolução n.º 2.232/2019, relativo que a recusa terapêutica manifestada por gestante deve ser analisada na perspectiva do binômio mãe/feto, podendo o ato de vontade da mãe caracterizar abuso de direito dela em relação ao feto.

Assim, o Ministério Público Federal, alegou:

a. contraria o princípio bioético da autonomia, impedindo a tomada de decisões pela gestante/parturiente quanto a seu próprio corpo, sobre sua pessoa e a de seu bebê, conforme dispositivos previstos na Constituição Federal, no Código de Ética Médica e no Código Penal;

b. infringe o direito personalíssimo ao próprio corpo, um dos corolários diretos do princípio da dignidade da pessoa humana, prevista como fundamento da República Federativa do Brasil no art. 1º, inciso III, da Constituição Federal;

c. infringe o princípio da legalidade (art. 5º, inciso II, da Constituição Federal) ao inovar indevidamente o panorama jurídico da assistência ao parto pela via do poder regulamentar, criando direitos e deveres não previstos em Lei;

d. contraria as Diretrizes Nacionais de Assistência ao Parto do Ministério da Saúde (Portaria MS/SAS n.º 353 de 2017), bem como as recomendações da Organização Mundial de Saúde para assistência ao parto;

e. contraria o dever de sigilo médico, estabelecido pelo Código de Ética Médica, expondo ilegalmente a privacidade e a intimidade das mulheres;

f. representa grave risco de institucionalização de internações compulsórias de mulheres grávidas, independente de risco iminente de morte, em flagrante desrespeito à legislação em vigor e ao princípio da reserva legal, aos direitos assegurados pela Constituição Federal de 1988, às determinações da Organização Mundial de Saúde, bem como ao disposto na Convenção Interamericana para prevenir, punir e erradicar a violência contra a mulher – "Convenção de Belém do Pará".

O Ministério Público Federal arguiu a suspensão geral dos efeitos do parágrafo 2º do art. 5º da Resolução CFM n.º 2.232/2019, determinando-se também a ineficácia de seus arts. 6º e 10º para a assistência e atendimento ao parto.

Em consulta realizada ao sítio do Tribunal Regional Federal da 3ª Região, a Juíza Federal Rosana Ferri julgou improcedente a Ação Civil Púbica, da qual se extrai o seguinte excerto (que julguei importante justamente por salvaguardar o direito do feto, como terceiro) ante o abuso de direito:

> Em realidade, me parece que o parágrafo 2º, que ressalta o direito de garantir a vida do feto, somente ressalta o inciso I do artigo 5º, que prevê a possibilidade de o médico não aceitar a recusa terapêutica na hipótese de risco à vida de terceiro. Na previsão do parágrafo 2º, o terceiro é o feto.
>
> Há que se ressaltar que a recusa da gestante pode não se dar somente no momento do parto, mas também, como ressaltado no I.C., por exemplo, em a mãe recusar tratamento que seguramente salvaria a vida do feto, como citado, o caso de dependente química, grávida, que recusa tratamento.
>
> Caso seja comprovado que o médico procedeu a intervenção desautorizada pela paciente sem que tenha existido risco para o feto, este profissional deverá ser responsabilizado mediante processo administrativo, cível e penal.
>
> Entretanto, retirar do profissional a possibilidade de realizar uma intervenção sem o respaldo de uma norma expressa, pode inibir eventuais atitudes que salvariam a vida de um bebê.
>
> Assim, entendo deva ser rejeitado o pedido efetuado na inicial, estando, o parágrafo 2º do artigo 5º, bem como o artigo 6º e o 10º, sustentados pelas Normas Constitucionais de Direito à Vida e, especificamente o parágrafo 2º, pela defesa dos interesses do nascituro.
>
> Acrescente-se que, na hipótese de risco à vida, seja do próprio paciente, de terceiro ou do feto, entendo não haver quebra do dever de sigilo, na determinação de que o profissional se reporte a autoridade, seja do hospital, policial ou administrativa.

> Posto isto, julgo improcedente o pedido e casso a antecipação de tutela concedida, nos termos do artigo 487, inciso I, do Código de Processo Civil.

Dessa sentença, foi interposto Recurso de Apelação, pendente de julgamento até a conclusão desta obra.

O não acolhimento da recusa terapêutica pelo médico não caracteriza violação da autonomia da gestante/parturiente, pois, realmente, deve ser analisada na perspectiva do binômio mãe/feto, podendo o ato de vontade da mãe caracterizar abuso de direito dela em relação ao feto.

O médico também não está obrigado a acatar a recusa terapêutica, pois ele também tem direito à sua autonomia profissional, podendo fazer objeção de consciência, que consiste em se abster do atendimento diante da recusa terapêutica da paciente, não realizando atos médicos que, embora permitidos por lei, sejam contrários aos ditames de sua consciência.

Dessa forma, o médico assistente em estabelecimento de saúde, ao rejeitar a recusa terapêutica da paciente, na forma prevista nos arts. 3º e 4º desta Resolução, deverá registrar o fato no prontuário e comunicá-lo ao diretor técnico para que esse tome as providências necessárias perante as autoridades competentes, visando assegurar o tratamento proposto.

Cumpre esclarecer que a objeção de consciência do médico tem limites, ou seja, excluindo as questões da recusa terapêutica, o médico só poderá fazer valer a sua autonomia se tal conduta não causar danos à paciente, assim como deve haver outro médico na instituição de saúde, não podendo ser uma situação de urgência e emergência.

O CEM afirma que o médico deve respeitar o direito da paciente ou de seu representante legal de decidir livremente sobre a execução de práticas diagnósticas ou terapêuticas, salvo em caso de iminente risco de morte.

Quanto à recusa terapêutica, há uma extensão do princípio da autonomia da paciente segundo Eduardo Dantas e Coltri (2022, p. 215):

> [...] nos primeiros anos do século XXI, a Medicina amplia o movimento no sentido de se desprender de um arraigado e milenar paternalismo em sua relação com a paciente, começando a assumir e a adotar um novo respeito por sua autonomia, a fim de garantir esses avanços da Medicina, na integração de novos padrões de atuação para garantir a dignidade da paciente, em busca de reconhecimento de que os profissionais de saúde não são os únicos responsáveis na escolha das possibilidades terapêuticas.

A prática de adoção terapêutica ou diagnóstica compulsória imposta pelo médico deve considerar, além do risco iminente de morte da paciente, a impossibilidade física ou psicológica dessa paciente em expressar sua opinião e vontade; portanto, ausentes esses requisitos, o médico, mesmo agindo com nobres intenções, pode caracterizar infração ética, por violação ao CEM.

Diante disso, vemos que se o médico, estando ausente o perigo de morte, violar a vontade da paciente, comete ilícito ético.

4.11 Direito à licença-maternidade

Todas as mulheres que dão à luz e que estejam na qualidade de seguradas no Instituto Nacional do Seguro Social (INSS) ou tenham vínculo empregatício têm direito à licença-maternidade, sem prejuízo de seu emprego, cujo afastamento será de 120 (cento e vinte) dias, podendo se estender a 180 (cento e oitenta) dias.

A licença-maternidade é um direito social das trabalhadoras, previsto no art. 7, XVIII.

A Consolidação das Leis do Trabalho, no art. 392, além da licença-maternidade, elenca outros direitos para as que deram à luz.

> Art. 392. A empregada gestante tem direito à licença-maternidade de 120 (cento e vinte) dias, sem prejuízo do emprego e do salário
>
> § 1º A empregada deve, mediante atestado médico, notificar o seu empregador da data do início do afastamento do emprego, que poderá ocorrer entre o 28º (vigésimo oitavo) dia antes do parto e ocorrência deste.
>
> § 2º Os períodos de repouso, antes e depois do parto, poderão ser aumentados de 2 (duas) semanas cada um, mediante atestado médico.
>
> § 3º Em caso de parto antecipado, a mulher terá direito aos 120 (cento e vinte) dias previstos neste artigo.
>
> § 4º É garantido à empregada, durante a gravidez, sem prejuízo do salário e demais direitos.
>
> I — transferência de função, quando as condições de saúde o exigirem, assegurada a retomada da função anteriormente exercida, logo após o retorno ao trabalho

VIOLÊNCIA OBSTÉTRICA

II — dispensa do horário de trabalho pelo tempo necessário para a realização de, no mínimo, seis consultas médicas e demais exames complementares.

Também é direito da mulher ter 2 (dois) períodos de descanso para amamentar o bebê ou sair 1 (uma) hora mais cedo.

Quanto à ampliação da licença-maternidade para 180 (cento e oitenta) dias, foi incluída pela Lei n.º 11.770/2008, que criou o Programa Empresa Cidadã, destinado à prorrogação da licença-maternidade mediante concessão de incentivo fiscal, mas para ter direito à prorrogação, a pessoa jurídica empregadora precisa aderir ao Programa Empresa Cidadã.

CAPÍTULO 5

AS CONSEQUÊNCIAS JURÍDICAS AOS INFRATORES DE VIOLÊNCIA OBSTÉTRICA

Os infratores de violência obstétrica respondem em 3 (três) esferas, cada uma com as suas especificidades, pois as esferas de responsabilidade são independentes: responsabilidade civil, responsabilidade administrativa e responsabilidade penal.

Consideremos o seguinte exemplo: um médico que comete uma violência obstétrica física, por exemplo, episiotomia desnecessária, poderá responder a um processo ético-profissional, a iniciar por uma sindicância frente ao Conselho Regional de Medicina de sua vinculação; responderá na esfera civil, podendo ser condenado a indenizar por danos morais ou patrimoniais as vítimas da violência obstétrica. Como já discutimos, não é só a mulher gestante puérpera que é vítima, mas também o bebê e o pai. O médico responderá também na esfera criminal, por crime de lesão corporal ou óbito da paciente.

Ante essas explicações, vamos detalhar cada uma das responsabilidades.

5.1 Responsabilidade ética-administrativa

Diversos profissionais da saúde podem cometer violência obstétrica: médicos, enfermeiros, auxiliares e técnicos de enfermagem, fisioterapeutas, cirurgiões-dentistas, nutricionistas, psicólogos, assistentes sociais, bem como qualquer funcionário do hospital ou maternidade.

A fim de facilitar a compreensão, nesta seção, tratarei apenas da responsabilidade do médico e do enfermeiro. Os demais profissionais da saúde também responderão de forma ética, embora observando os seus respectivos Códigos de Ética.

A Resolução n.º 2.217 de 2018 do Conselho Federal de Medicina elenca as normas éticas deontológicas que os médicos devem seguir na relação médico-paciente. Essa Resolução traz o que chamamos de direito material. Logo, havendo violação a algum dos arts. do 1 ao 117, o médico responderá a uma sindicância para apurar indícios de autoria e materialidade. Em seguida, dar-se-á início ao processo ético-profissional, caso não haja causas de conciliação, termo de ajustamento de conduta ou arquivamento, de acordo com a Resolução n.º 2.306 de 2022 do Conselho Federal de Medicina, que aprova o Código de Processo Ético-Profissional (CPEP) no âmbito do Conselho Federal de Medicina (CFM) e Conselhos Regionais de Medicina (CRMs).

De acordo com a Código de Processo Ético Profissional, qualquer paciente que foi vítima de violência obstétrica advinda do médico poderá apresentar denúncia ao CRM, denúncia na forma escrita ou verbal, na qual conste o relato circunstanciado dos fatos e, quando possível, a qualificação do médico denunciado, com a indicação das provas documentais, além de identificação do denunciante (paciente ou seu representante legal), devendo acompanhar cópias de identidade, CPF, comprovante de endereço, incluindo todos os meios eletrônicos disponíveis para contato (art. 14, Resolução n.º 2.306 de 2022 do Conselho Federal de Medicina).

No caso de morte da paciente, o cônjuge ou companheiro, pais, filhos ou irmãos, nessa ordem, poderão ser admitidos como parte denunciante, assumindo o processo no estado em que se encontra.

Assim, apurados os indícios de autoria e materialidade, o Conselheiro emitirá relatório conclusivo e apresentará à Câmara de Sindicância para apreciação, e antes de abrir propriamente o processo ético profissional, poderá ocorrer, segundo art. 19:

I — conciliação, quando pertinente;

II — termo de ajustamento de conduta (TAC), quando pertinente;

III — arquivamento: se indicar a inexistência de indícios de materialidade e/ou autoria de

infração ao Código de Ética Médica;

IV — instauração de PEP: se indicar a existência de indícios de materialidade e autoria de infração ao Código de Ética Médica, cumulada ou não de proposta de interdição cautelar.

Nesse caso, os autos serão encaminhados à Corregedoria a quem competirá lavrar portaria de instauração de PEP;

V — instauração de procedimento administrativo para apurar doença incapacitante, nos termos de resolução específica.

É importante esclarecer que na conciliação (um pedido de desculpas entre a paciente e o médico, conciliação essa que não envolve valor patrimonial), não pode a infração ética cometida pelo médico ter causado lesão corporal grave, violação da dignidade sexual ou óbito da paciente. Assim, caso o médico tenha realizado episiotomia ou manobra de Kristeller (manobra que, por exemplo, quebra a costela da paciente) causando lesão corporal grave, não se admitirá a conciliação. É o que se extrai do art. 20 da Resolução n.º 2.306 de 2022:

> [...] conciliação entre as partes somente será admitida nos casos em que não envolvam lesão corporal de natureza grave (art. 129, §§ 1º a 3º do Código Penal), violação à dignidade sexual ou óbito de paciente, relacionados à conduta médica objeto da apuração, e dependerá de proposta fundamentada do sindicante ou de outro membro da Câmara, com aprovação da Câmara de sindicância.

Dessa mesma forma, o Termo de Ajustamento de Conduta (TAC) é o ato jurídico pelo qual a pessoa física ou jurídica, em regra, reconhecendo implicitamente que sua conduta ofende ou pode ofender interesse ético individual ou coletivo, assume, perante órgão público legitimado, o compromisso de eliminar a ofensa ou o risco, por meio da adequação de seu comportamento às exigências éticas, mediante formalização de termo.

O TAC é de inciativa do Conselheiro Sindicante, e não será admitido em casos em que não haja lesão corporal de natureza grave (art. 129, parágrafos 1º a 3º do Código Penal), violação à dignidade sexual ou óbito do paciente relacionados à conduta médica, objeto da apuração.

Assim, não sendo caso de conciliação, termo de ajustamento de conduta e arquivamento da sindicância, será iniciado o processo ético-profissional.

A regulamentação do Conselho de Medicina deu-se pela Lei Federal n.º 3.268 de 1957.

No art. 22 da referida Lei, constam as penas administrativas aplicadas aos médicos nos casos de violação às normas do CEM pelo cometimento de violência obstétrica.

> Art. 22. As penas disciplinares aplicáveis pelos Conselhos Regionais aos seus membros são as seguintes:
>
> a) advertência confidencial em aviso reservado;
>
> b) censura confidencial em aviso reservado;

c) censura pública em publicação oficial;

d) suspensão do exercício profissional até 30 (trinta) dias;

e) cassação do exercício profissional, ad referendum do Conselho Federal.

As penas a, b e c são as penas mais brandas, e a diferenciação entre elas é apenas para efeito de reincidência. Já as penas D e E são as mais graves, sendo a última a cassação do registro médico, após análise do Conselho Federal de Medicina. Tal pena tem caráter perpétuo, não se admitindo readaptação.

Quanto aos profissionais da enfermagem, esses são submetidos às normas éticas previstas no Código de Ética da Enfermagem, Resolução Cofen n.º 564 de 2017, e o processo ético-disciplinar para apurar as infrações é regido pela Resolução n.º 706 de 2022, que traz requisitos para recebimento das denúncias, as quais podem ser apresentadas de ofício ou mediante denúncia escrita ou verbal, fundamentada e protocolada por pessoa física ou jurídica.

O Conselho Federal de Enfermagem admite a denúncia anônima, portanto, havendo plausibilidade e motivação, poderá o Conselheiro Relator instaurar procedimento preliminar de averiguação, no prazo improrrogável de 30 (trinta) dias, cuja conclusão deverá indicar a admissibilidade ou não da denúncia, que será de ofício, caso admitida. É também admitida a conciliação entre as partes, a paciente e o profissional de enfermagem.

As penas aplicadas aos profissionais da enfermagem estão previstas na Lei n.º 5.905 de 1973, conforme art. 18:

Art. 18. Aos infratores do Código de Deontologia de Enfermagem poderão ser aplicadas as seguintes penas:

I — advertência verbal;

II — multa;

III — censura;

IV — suspensão do exercício profissional;

V — cassação do direito ao exercício profissional.

§ 1º As penas referidas nos incisos I, II, III e IV deste artigo são da alçada dos Conselhos Regionais e a referida no inciso V, do Conselho Federal, ouvido o Conselho Regional interessado.

> § 2º O valor das multas, bem como as infrações que implicam nas diferentes penalidades, serão disciplinados no Regimento do Conselho Federal e dos Conselhos Regionais.

A pena de cassação do direito ao exercício profissional é de competência do Conselho Federal de Enfermagem, após ouvido o Conselho Regional de Enfermagem.

Tanto o médico como os profissionais da enfermagem podem responder a um processo administrativo vinculado às Secretarias de Saúde, na atuação como servidores públicos, caso venham a causar danos às pacientes ou violar normas éticas. Nesses casos, pode-se instaurar um processo administrativo para promover a demissão desses profissionais.

5.2 Responsabilidade penal

Todos os profissionais da saúde têm o dever de cuidado, e suas condutas devem ocorrer visando o melhor que existe nas Ciências da Saúde em prol dos pacientes sob seus cuidados, pautando suas condutas no princípio da atenção centrada nestes.

O dever de cuidado dos profissionais da saúde deve observar as *Legis Artis*, que nada mais são do que técnicas que constam em artigos científicos, recomendações, ordens de serviço e de *guidelines*, ou seja, são técnicas devidamente comprovadas pela Medicina Baseada em Evidências. Assim, os profissionais da saúde, em especial o médico, ao praticarem e realizarem suas condutas, devem estar em acordo com as *Legis Artis* para poderem ser responsabilizados civil e penalmente.

Assim, a inobservância da boa prática do médico ou de qualquer profissional da saúde pode constituir homicídio ou ofensa à integridade física da paciente, dependendo do resultado lesivo.

Para Filipe Oliveira de Melo, em "O médico e a negligência: notas sobre a influência das *leges artis* no ilícito culposo", vemos que as *Legis Artis* são frequentemente utilizadas como razão exclusiva para fundamentar a culpa e a negligência médica. Em outras palavras, comprovada a violação das *Legis Artis*, restaria também comprovado que o médico agiu de forma negligente, o que o faria merecedor da pena aplicável aos crimes de lesão corporal culposa ou homicídio culposo, a depender do caso (Melo, 2019).

É partindo desses pontos que será tratada a responsabilidade penal dos profissionais de saúde, em especial do médico quando das suas condutas danosas praticadas contra pacientes gestantes ou em trabalho de parto, em estrita inobservância do dever de agir de acordo com a sua esfera de responsabilidade e as melhores práticas ("*best practices*" ou *leges artis*) do ponto de vista científico, técnico e humano.

Os profissionais da saúde também respondem, de acordo com o art. 13, parágrafo 2º do Código Penal Brasileiro, no qual se lê que a omissão é penalmente relevante, quando o omitente devia e podia agir para evitar o resultado. O dever de agir incumbe a quem:

a. tenha por lei obrigação de cuidado, proteção ou vigilância;

b. de outra forma, assumiu a responsabilidade de impedir o resultado;

c. e de outra forma, assumiu a responsabilidade de impedir o resultado.

Existem diversos tipos penais aos quais os profissionais de saúde podem responder na esfera penal: violação do sigilo profissional, notificação compulsória, crime de homicídio, lesão corporal, omissão de socorro, exercício ilegal da profissão, falsidade de atestado médico, entre outros.

Nesse título, daremos ênfase aos tipos penais de lesão corporal, crime de homicídio, omissão de socorro, violação do sigilo profissional e notificação compulsória, os quais são mais comuns na relação médico-paciente gestante e puérpera.

5.3 Da lesão corporal

O crime de lesão corporal está previsto no art. 129 do Código Penal Brasileiro e visa proteger a integridade física e a saúde de outrem, no nosso caso, a saúde da mulher gestante ou puérpera.

Pelo referido artigo, a aceleração do parto é uma lesão corporal grave, mas apenas quando essa aceleração de parto não é necessária ou indicada para caracterizar o crime, pois, pelas evidências científicas, quando devidamente indicado, é possível acelerar o parto.

As penas são de detenção de 3 (três) meses a 1 (um) ano. Restando lesão corporal grave, a pena é de reclusão de 1 (um) a 5 (cinco) anos; e para lesão corporal seguida de morte, a pena é reclusão de 4 (quatro) a 12 (doze) anos, e o Código prevê a lesão corporal culposa, cuja pena é de 2 (dois) meses a 1 (um) ano.

Art. 129. Ofender a integridade corporal ou a saúde de outrem:

Pena - detenção, de três meses a um ano.

Lesão corporal de natureza grave

§ 1º Se resulta:

I — Incapacidade para as ocupações habituais, por mais de trinta dias;

II — perigo de vida;

III — debilidade permanente de membro, sentido ou função;

IV — aceleração de parto:

Pena — reclusão, de um a cinco anos.

§ 2° Se resulta:

I — Incapacidade permanente para o trabalho;

II — enfermidade incurável;

III — perda ou inutilização do membro, sentido ou função;

IV — deformidade permanente;

V — aborto:

Pena — reclusão, de dois a oito anos.

Lesão corporal seguida de morte

§ 3° Se resulta morte e as circunstâncias evidenciam que o agente não quís o resultado, nem assumiu o risco de produzí-lo:

Pena — reclusão, de quatro a doze anos.

Diminuição de pena

§ 4° Se o agente comete o crime impelido por motivo de relevante valor social ou moral ou sob o domínio de violenta emoção, logo em seguida a injusta provocação da vítima, o juiz pode reduzir a pena de um sexto a um terço.

Substituição da pena

§ 5° O juiz, não sendo graves as lesões, pode ainda substituir a pena de detenção pela de multa, de duzentos mil réis a dois contos de réis:

I — se ocorre qualquer das hipóteses do parágrafo anterior;

II — se as lesões são recíprocas.

Lesão corporal culposa

§ 6° Se a lesão é culposa: (Vide Lei n.º 4.611, de 1965)

Pena — detenção, de dois meses a um ano.

Aumento de pena

§ 7º Aumenta-se a pena de 1/3 (um terço) se ocorrer qualquer das hipóteses dos §§ 4º e 6º do art. 121 deste Código. (Redação dada pela Lei n.º 12.720, de 2012)

§ 8º — Aplica-se à lesão culposa o disposto no § 5º do art. 121.

As práticas mais comuns de violência obstétrica que podem causar lesões corporais na mulher ou no feto, como já vimos, são: a manobra de Kristeller, episiotomia, excesso de medicação, puxos bruscos etc.

Em decisão proferida pelo Tribunal de Justiça do Rio Grande do Sul, um médico foi condenado pela prática de lesão corporal seguida de dolo eventual ao prescrever medicamento em doses excessivas à parturiente, com o intuito de antecipar o parto, o que causou complicações, gerando parto com características de urgência, com sedação da parturiente e uso de fórceps, formando um conjunto gerador de falta de oxigenação do cérebro no trabalho de parto e pós-parto, tendo por danos lesão corporal gravíssima pela debilidade permanente (paralisia cerebral) no bebê, em razão do uso de medicação (cytotec). A pena foi de privativa de liberdade[16].

5.4 Do homicídio

O crime de homicídio está previsto no art. 121 do Código Penal, segundo o qual aquele que matar alguém estará sujeito à pena privativa de liberdade, a qual consiste em reclusão de 6 (seis) anos a 20 (vinte) anos.

Os profissionais de saúde respondem pelo homicídio culposo ou dolo eventual. O homicídio culposo está previsto no parágrafo 3º do referido art. 121, com pena de detenção de 1 (um) ano a 3 (três) anos.

Há as hipóteses de aumento da pena diante do parágrafo 4º, do qual se extrai que no homicídio culposo, a pena é aumentada em 1/3 (um terço) se o crime resulta de inobservância de regra técnica de profissão, arte ou ofício, ou se o agente deixa de prestar imediato socorro à vítima, não procura diminuir as consequências do seu ato ou foge para evitar prisão

---

[16] (TJ-RS — ACR: 70029199742 RS, Relator: Ivan Leomar Bruxel, Data de Julgamento: 16 dez. 2010, Terceira Câmara Criminal, data de publicação: 10/01/2011).

em flagrante. Sendo doloso o homicídio, a pena é aumentada em 1/3 (um terço), se o crime é praticado contra pessoa menor de 14 (quatorze) ou maior de 60 (sessenta) anos.

Se o crime resulta de inobservância de regra técnica de profissão, arte ou ofício, que é o não cumprimento da literatura médica, da *Legis Artis*, que se pode afirmar que é a Medicina Baseada em Evidências, perfeitamente aplicável aos profissionais de saúde, a pena é aumentada em 1/3 (terço). Repito que a Manobra de Kristeller e a episiotomia (exceto em condições para salvar a vida da parturiente ou do feto) caracterizam aumento da pena.

5.5 Da violação do sigilo profissional

Todos os profissionais de saúde têm o dever de guardar toda e qualquer informação obtida da paciente durante as consultas. O CEM é claro ao afirmar que o médico está proibido de revelar fato do qual tenha conhecimento em virtude do exercício de sua profissão, salvo por motivo justo, dever legal ou consentimento por escrito do paciente.

Por justo motivo, pode-se afirmar que seja aquela hipótese em que para salvaguardar direitos da coletividade ou direito de terceiro, o médico releva informações da paciente. Por exemplo, uma paciente com problemas psiquiátricos e depressão pós-parto afirma para o médico que vai tirar a sua vida e a do recém-nascido. Nesse caso, o médico, imbuído do justo motivo, pode revelar o fato a algum familiar para evitar um fim trágico.

Quanto ao sigilo do profissional de saúde, nesse caso, o médico, a Resolução ainda contém os seguintes artigos:

> Art. 74. Revelar sigilo profissional relacionado a paciente criança ou adolescente, desde que estes tenham capacidade de discernimento, inclusive a seus pais ou representantes legais, salvo quando a não revelação possa acarretar dano ao paciente.
>
> Art. 75. Fazer referência a casos clínicos identificáveis, exibir pacientes ou imagens que os tornem reconhecíveis em anúncios profissionais ou na divulgação de assuntos médicos em meios de comunicação em geral, mesmo com autorização do paciente.
>
> Art. 76. Revelar informações confidenciais obtidas quando do exame médico de trabalhadores, inclusive por exigência dos dirigentes de empresas ou de instituições, salvo se o silêncio puser em risco a saúde dos empregados ou da comunidade

Art. 77. Prestar informações a empresas seguradoras sobre as circunstâncias da morte do paciente sob seus cuidados, além das contidas na declaração de óbito, salvo por expresso consentimento do seu representante legal.

Art. 78. Deixar de orientar seus auxiliares e alunos a respeitar o sigilo profissional e zelar para que seja por eles mantido.

Art. 79. Deixar de guardar o sigilo profissional na cobrança de honorários por meio judicial ou extrajudicial.

Quanto ao dever legal, são as questões relativas às doenças de comunicações compulsórias, tais como Covid -19 e hanseníase.

O parágrafo único do referido artigo ainda afirma que permanece essa proibição: a) mesmo que o fato seja de conhecimento público ou o paciente tenha falecido; b) quando de seu depoimento como testemunha (nessa hipótese, o médico comparecerá perante a autoridade e declarará seu impedimento); c) na investigação de suspeita de crime, o médico estará impedido de revelar segredo que possa expor o paciente a processo penal.

Uma questão muito comum é o profissional de saúde, quando do atendimento da mulher que cometeu aborto por si só, comunicar o fato às autoridades, submetendo a paciente a responder processo criminal. O profissional de saúde não deve realizar tal comunicação, pois nenhum profissional da saúde é delator da sua paciente; mas se o médico ou outro profissional ter a informação de que foi um terceiro que praticou o crime de aborto ou auxiliou a mulher, fica autorizado a comunicar o fato às autoridades, tendo em vista que, nesse caso, quem será submetido a processo criminal será o terceiro, e não a vítima: a mulher.

O art. 154 do Código Penal Brasileiro tipifica o ilícito de violação ao sigilo profissional, do qual se extrai que aquele que revelar a alguém, sem justa causa, segredo de que tem ciência em razão de função, ministério, ofício ou profissão, e cuja revelação possa produzir dano a outrem, estará sujeito a pena de 3 (três) meses a 1 (um) ano de detenção ou multa.

5.6 Da notificação compulsória: óbito materno e infantil/fetal

A obrigatoriedade da comunicação compulsória de doenças está prevista no art. 269 do Código Penal Brasileiro, que prevê: "[...] se deixar o médico de denunciar à autoridade pública doença cuja notificação é compulsória, ficará sujeito à pena de 6 (seis) meses a 2 (dois) anos de detenção e multa".

A lista dessas doenças é formulada pelo Ministério da Saúde por meio da Resolução de n.º 420, de março de 2022, na qual consta o óbito infantil e fetal, sendo obrigatória a comunicação aos serviços de saúde (públicos e privados) que integram o SUS, nos termos da Portaria n.º 72/2010 do Ministério da Saúde.

É importante elucidar acerca do óbito infantil, pois é aquele ocorrido em crianças nascidas vivas desde o momento do nascimento até 1 (um) ano de idade incompleto, ou seja, 364 (trezentos e sessenta e quatro) dias, diferentemente do óbito fetal, que é a morte de um produto da concepção, antes da expulsão ou da extração completa do corpo da mãe, com peso ao nascer igual ou superior a 500 gramas. Quando não se dispuser de informações sobre o peso ao nascer, consideram-se aqueles com idade gestacional de 22 semanas (154 dias) de gestação ou mais. Quando não se dispuser de informações sobre o peso ao nascer e idade gestacional, considera-se aqueles com comprimento corpóreo de 25 centímetros cabeça-calcanhar ou mais.

Os óbitos maternos também dever ser comunicados de forma compulsória, de acordo com a Portaria n.º 420/2022, do Ministério da Saúde, em sintonia com a Portaria n.º 1.119/2008, que afirma que, no âmbito federal, estadual, municipal e distrital federal, fica regulamentada a vigilância de óbitos maternos para todos os eventos, confirmados ou não, independentemente do local de ocorrência, a qual deve ser realizada por profissionais de saúde, designados pelas autoridades de vigilância em saúde das esferas federal, estadual, municipal e do Distrito Federal.

Os óbitos maternos e os óbitos de mulheres em idade fértil, de acordo com Portaria n.º 1.119/2008, são considerados eventos de investigação obrigatória, com o objetivo de levantar fatores determinantes, suas possíveis causas, assim como subsidiar a adoção de medidas que possam evitar a sua reincidência.

Ainda, valioso ressaltar, para fins de investigação, que é considerado óbito materno a morte ocorrida durante a gestação ou até um ano após o seu término, devido a quaisquer causas relacionadas ao seu desenvolvimento, ou agravada no seu curso, inclusive por medidas adotadas durante a gravidez, independentemente de sua duração ou da localização, excluídas as acidentais ou incidentais. Para apuração do computo da razão de morte materna, serão excluídos os casos de óbitos ocorridos após 42 (quarenta e dois) dias do término da gestação, mas todos devem ser investigados, inclusive para se certificar das datas do término da gestação e do óbito.

É de extrema importância as comunicações de óbitos maternos, infantis e de feto para que se implementem políticas públicas para uma melhor assistência obstétrica.

Por último, saliento que as portarias mencionadas foram consolidadas pela Portaria de consolidação de n.º 1, de 28 setembro de 2022, que traz a consolidação das normas sobre os direitos e deveres dos usuários da saúde, a organização e o funcionamento do SUS.

5.7 Omissão de socorro

O crime de socorro está previsto no Código Penal Brasileiro, no art. 135, acerca do agente que deixar de prestar assistência, quando possível fazê-lo sem risco pessoal à criança abandonada ou extraviada, ou à pessoa inválida ou ferida, ao desamparo ou em grave e iminente perigo; ou não pedir, nesses casos, o socorro da autoridade pública.

Comete esse crime o profissional de saúde médico ou enfermeiro que deixar de prestar assistência médica à gestante. Portanto, se uma mulher com contrações chega ao hospital e o profissional de saúde se recusa a realizar exames mais detalhados sob o argumento de que a gestante está com pouca dilatação, porém, na realidade, o feto estava em sofrimento fetal e, horas depois, vai a óbito, o profissional deve ser responsabilizado, pois se houvesse o pronto atendimento, a vida do bebê seria salva.

Outra ocorrência muito comum envolve profissionais de saúde e gestores de unidade de saúde, em emergências, condicionar o atendimento médico-hospitalar emergencial, exigindo cheque-caução, nota promissória ou qualquer garantia, bem como o preenchimento prévio de formulários administrativos, deixando de atender prontamente a gestante.

O bem a ser protegido é a vida, a integridade física da mulher ou do feto, assim, os profissionais de saúde devem agir de imediato e, depois, entrar com respectiva ação de cobrança dos responsáveis diretos, pacientes ou operadora de plano de saúde.

5.8 Responsabilidade civil

A última modalidade de responsabilidade dos agentes que cometem violência obstétrica é a responsabilidade civil, a qual é mais recorrente no Poder Judiciário.

A palavra "responsabilidade" advém do latim *"spondere"*, que significa garantir, prometer, vincular-se, decorrendo daí o dever de indenizar os profissionais de saúde pelos danos causados aos pacientes, no exercício da profissão, em razão de culpa, na modalidade negligência, imprudência e imperícia.

Diante da prática de algum ato ilícito, conforme disposição do art. 186 do Código Civil, todo aquele que, por ação ou omissão voluntária, negligência ou imprudência, violar direito e causar dano a outrem, ainda que exclusivamente moral, comete ato ilícito.

A título de esclarecimentos, importante pontuar que existe a responsabilidade civil contratual e extracontratual. A primeira é oriunda de relações contratuais, e na segunda, não há vinculação contratual, ou seja, é propriamente a violação de um dever legal, conforme o art. 186 do Código Civil.

A responsabilidade pode ser objetiva ou subjetiva. A responsabilidade objetiva é aquela que dispensa a comprovação de culpa, havendo apenas a necessidade de comprovar o dano e nexo causal entre a conduta e o resultado, nos termos do art. 927 do Código Civil. Por sua vez, a responsabilidade civil subjetiva prescinde comprovar a conduta culposa: negligência, imprudência e imperícia, dano e nexo de causalidade.

Nas palavras de Diniz (2005, p. 40),

> A responsabilidade civil é aplicação de medidas que obriguem uma pessoa a reparar dano moral ou patrimonial causado a terceiro, em razão de ato por ela praticado, por pessoa por quem ela responde, por alguma coisa a ela pertencente ou por simples imposição legal.

São pressupostos da responsabilidade civil culpa pela conduta, culpa, dano e nexo de causalidade, os quais não serão aqui esmiuçados por não ser o objetivo deste trabalho, que tem por função precípua informar as mulheres gestantes e puérperas acerca dos impactos das práticas de violência obstétrica.

As indenizações abrangem o dano moral, que são violações à esfera personalíssima da vítima concernentes à intimidade, vida privada, honra e imagem das pessoas (danos extrapatrimoniais) e danos patrimoniais, os últimos se subdividem em:

- Lucros cessantes: tudo aquilo que a paciente deixou de lucrar em razão de alguma prática danosa de violência obstétrica. Por exemplo, danos cerebrais causados ao bebê pela prática de manobra de Kristeller, que deixou o bebê com paralisia e fez com que a mãe tivesse que deixar o trabalho para cuidar do filho;

- Danos emergentes: todos os gastos dispensados pela vítima, incluindo tratamento médico, medicamentos, cadeiras de rodas, enfim, tudo que foi gasto em razão do ato lesivo.

Além do ressarcimento de todos os danos materiais, a depender das lesões, há o direito de a vítima receber uma pensão mensal vitalícia a ser fixada pelo juiz nos termos da Súmula 490 do Supremo Tribunal Federal: "A pensão correspondente à indenização oriunda de responsabilidade civil deve ser calculada com base no salário-mínimo vigente ao tempo da sentença e ajustar-se às variações ulteriores".

Quanto à responsabilidade civil oriunda da prática de violência obstétrica, há que se pontuar sobre essas condutas que jamais deveriam ser praticadas, não havendo a necessidade de comprovação do nexo de causalidade entre a conduta e o dano havido pela prática de alguma das formas de violência obstétrica a ensejar o dever de indenizar (Ferreira, 2020). Ou seja, violência obstétrica não é erro médico, e podemos afirmar que o erro médico pode estar dentro da violência obstétrica, como uma episiotomia realizada sem consentimento da mulher e sem necessidade, o que, por si só, já é uma violência obstétrica, mas o médico acaba transfixando o canal do reto quando da sutura. Nesse exemplo, estamos diante de violência obstétrica e erro médico.

Erro médico pressupõe que o profissional deveria fazer tal ato médico, mas, por imperícia, imprudência ou negligência, cometeu alguma falha, então, deve provar a ligação do dano com a conduta do médico pelas modalidades de culpa.

Ainda na esfera da responsabilidade civil, quando se tratar de atos de violência obstétrica praticadas por profissionais de instituições privadas, da saúde suplementar, se aplica o CDC, por ser mais vantajoso para a paciente, admitindo-se a inversão do ônus da prova, e o prazo prescricional será de 5 (cinco) anos.

Já para os atos de violência obstétrica praticados por profissionais da saúde prestadores de serviços públicos vinculados ao SUS, por meio de ONGs, entidades filantrópicas ou Organização Social, os quais atuam em nome do Estado por meio de contrato de gestão, não se aplica o CDC, mas, sim, o Código Civil Brasileiro. Embora haja muitas divergências, o prazo prescricional também é de 5 anos, de acordo com o Decreto n.º 20.910 de 1932, em pleno vigor.

De acordo com a Constituição da República Federativa do Brasil (Brasil, 1988), segundo previsão do art. 37, parágrafo 6º, apenas o Estado e as pessoas jurídicas de Direito Privado prestadoras de serviço público responderão pelos danos causados aos pacientes. Nesse sentido, na esfera cível, os agentes médicos, enfermeiros, odontólogos, psicólogos entre outros não podem ser diretamente processados, o processo pela reparação civil deve ser contra o ente público e a pessoa jurídica prestadora de serviço público, de acordo com o Tema 940 do Supremo Tribunal Federal, que firmou a seguinte tese:

> A teor do disposto no art. 37, § 6º, da Constituição Federal, a ação por danos causados por agente público deve ser ajuizada contra o Estado ou a pessoa jurídica de direito privado prestadora de serviço público, sendo parte ilegítima para a ação o autor do ato, assegurado o direito de regresso contra o responsável nos casos de dolo ou culpa.

REFERÊNCIAS

AGÊNCIA NACIONAL DE VIGILÂNCIA SANITÁRIA - ANVISA. Dispõe sobre Regulamento Técnico para Funcionamento dos Serviços de Atenção Obstétrica e Neonatal, RDC nº 36 de 03 de junho de 2008. Disponível em: https://bvsms.saude.gov.br/bvs/saudelegis/anvisa/2008/res0036_03_06_2008_rep.html. Acesso em: 21 maio 2024.

ALBUQUERQUE, A. *Manual do paciente.* Belo Horizonte: CEI, 2020.

ANDRADE, V. F. de. *A dignidade da pessoa humana*: valor-fonte da ordem humana. São Paulo: Cautela Editora, 2007.

ARGENTINA. Lei n.º 26.485, de 14 de Abril de 2009. *Ley de protección integral para prevenir, sancionar y erradicar la violencia contra las mujeres en los ámbitos en que desarrollen sus relaciones interpersonales.* Disponível em: https://www.argentina.gob.ar/normativa/nacional/ley-26485-152155/actualizacion. Acesso em: 11 jun. 2024.

ARGENTINA. Lei n.º 25.929, de 17 de Setembro de 2004. Disponível em: https://www.argentina.gob.ar/sites/default/files/ley_25929_parto_humanizado_decreto_web_0.pdf. Acesso em: 11 jun. 2024.

BRASIL. Lei n.º 8.078, de 11 de setembro de 1990. Dispõe sobre a proteção do consumidor e dá outras providências. *Casa Civil*: Brasília, DF, 11 set. 1990.

BRASIL. Lei n.º 8.080, de 19 de setembro de 1990. Dispõe sobre as condições para a promoção, proteção e recuperação da saúde, a organização e o funcionamento dos serviços correspondentes e dá outras providências. *Casa Civil*: seção, Brasília, DF, ano., n., p. 18055, 19 set. 1990.

BRASIL. Lei n.º 9.263, de 12 de janeiro de 1996. Regula o § 7º do art. 226 da Constituição Federal, que trata do planejamento familiar, estabelece penalidades e dá outras providências. Casa Civil: seção 1, Brasília, DF, n. 169, p. 561, 12 jan. 1996.

BRASIL. Decreto n.º 1.973, de 1º de agosto de 1996. Promulga a Convenção Interamericana para Prevenir, Punir e Erradicar a Violência contra a Mulher, concluída em Belém do Pará, em 9 de junho de 1994. *Casa Civil*: Brasília, DF, 1º ago. 1996. Disponível em: https://www.planalto.gov.br/ccivil_03/decreto/1996/d1973.htm. Acesso em: 4 abr. 2024.

BRASIL. [Constituição (1988)]. *Constituição da República Federativa do Brasil*. Organizado por Cláudio Brandão de Oliveira. Rio de Janeiro: Roma Victor, 2002. 320 p.

BRASIL. Lei n.º 10.406, de 10 de janeiro de 2002. Institui o Código Civil. *Diário Oficial da União*: seção 1, Brasília, DF, ano 139, n. 8, p. 1-74, 11 jan. 2002.

BRASIL. Lei n.º 11.340, de 7 de agosto de 2005. Cria mecanismos para coibir a violência doméstica e familiar contra a mulher, nos termos do § 8º do art. 226 da Constituição Federal, da Convenção sobre a Eliminação de Todas as Formas de Discriminação contra as Mulheres e da Convenção Interamericana para Prevenir, Punir e Erradicar a Violência contra a Mulher; dispõe sobre a criação dos Juizados de Violência Doméstica e Familiar contra a Mulher; altera o Código de Processo Penal, o Código Penal e a Lei de Execução Penal; e dá outras providências. *Secretaria Geral*: Brasília, DF, 7 ago. 2005. Disponível em: https://www.planalto.gov.br/ccivil_03/_ato2004-2006/2006/lei/l11340.htm. Acesso em: 4 abr. 2024.

BRASIL. Lei n.º 11.634, de 27 de dezembro de 2007. Dispõe sobre o direito da gestante o conhecimento e a vinculação à maternidade onde receberá assistência no âmbito do Sistema Único de Saúde. *Casa Civil*: seção 1, Brasília, DF, 27 dez. 2007.

BRASIL. Diretriz Nacional de Assistência ao parto normal. Ministério da Saúde: Brasília, DF. Biblioteca Virtual em Saúde do Ministério da Saúde, 2022.

BRASIL. Lei n.º 14.443, de 2 de setembro de 2023. Altera a Lei n.º 9.263, de 12 de janeiro de 1996, para determinar prazo para oferecimento de métodos e técnicas contraceptivas e disciplinar condições para esterilização no âmbito do planejamento familiar. *Secretaria-Geral*: Brasília, DF, p. 5, 2 set. 2023.

BRASIL. Supremo Tribunal Federal. Arguição de Descumprimento de Preceito Fundamental nº 54. FETO ANENCÉFALO – INTERRUPÇÃO DA GRAVIDEZ – MULHER – LIBERDADE SEXUAL E REPRODUTIVA – SAÚDE – DIGNIDADE – AUTODETERMINAÇÃO – DIREITOS FUNDAMENTAIS– CRIME – INEXISTÊNCIA. Mostra-se inconstitucional interpretação de a interrupção da gravidez de feto anencéfalo ser conduta tipificada nos artigos 124, 126 e 128, incisos I e II, do Código Penal. Disponível em: https://redir.stf.jus.br/paginadorpub/paginador.jsp?docTP=TP&docID=3707334. Acesso em: 21 maio 2024.

BRASIL. Superior Tribunal de Justiça. Recurso Especial nº 1.540.580. Disponível em: https://scon.stj.jus.br/SCON/pesquisar.jsp?b=ACOR&livre=%28RESP.clas.+e+%40num%3D%221540580%22%29+ou+%28RESP+adj+%221540580%22%29.suce.&O=JT. Acesso em: 21 maio 2024.

BRASIL. Lei nº 13.787, de 27 de dezembro de 2018. Dispõe sobre a digitalização e a utilização de sistemas informatizados para a guarda, o armazenamento e o manuseio de prontuário de paciente. Disponível em: https://legis.senado.leg.br/norma/30763714. Acesso em: 21 maio 2024.

BRASIL. Lei nº 14.737, de 27 de dezembro de 2023. Altera a Lei nº 8.080, de 19 de setembro de 1990 (Lei Orgânica da Saúde), para ampliar o direito da mulher de ter acompanhante nos atendimentos realizados em serviços de saúde públicos e privados. Disponível em: https://www.planalto.gov.br/ccivil_03/_ato2023-2026/2023/lei/l14737.htm. Acesso em: 21 maio 2024.

BRASIL. Lei nº 8.069 de 13 de julho de 1990. Dispõe sobre o Estatuto da Criança e do Adolescente e dá outras providências. Disponível em: https://www.planalto.gov.br/ccivil_03/leis/l8069.htm. Acesso em: 21 maio 2024.

BRASIL. Agência Nacional de Saúde Suplementar. Resolução 461, de 24 de fevereiro de 2021. Atualiza o Rol de Procedimentos e Eventos em Saúde que estabelece a cobertura assistencial obrigatória a ser garantida nos planos privados de assistência à saúde contratados a partir de 1º de janeiro de 1999 e naqueles adaptados conforme previsto no artigo 35 da Lei n.º 9.656, de 3 de junho de 1998; fixa as diretrizes de atenção à saúde; e revoga a Resolução Normativa – RN nº 428, de 7 de novembro de 2017, a Resolução Normativa – RN n.º 453, de 12 de março de 2020, a Resolução Normativa – RN n.º 457, de 28 de maio de 2020 e a RN n.º 460, de 13 de agosto de 2020. Disponível em: https://www.ans.gov.br/component/legislacao/component/legislacao/?view=legislacao&task=TextoLei&format=raw&id=NDAzMw==#REVOGACOES. Acesso em: 21 maio 2024.

BRASIL. Conselho Federal de Medicina. Resolução nº 2.232 de 16 de setembro de 2019. Estabelece normas éticas para a recusa terapêutica por pacientes e objeção de consciência na relação médico-paciente. Disponível em: https://sistemas.cfm.org.br/normas/visualizar/resolucoes/BR/2019/2232. Acesso em: 21 maio 2024.

BRASIL. Ministério Público Federal de São Paulo. Ação Cível Pública nº 5021263-50.2019.4.03.6100. Disponível em: https://portal.cfm.org.br/wp-content/uploads/2021/05/SENTENCA-5021263-50.2019.4.03.6100-MINISTERIO-PUBLICO-FEDERAL-X-CONSELHO-FEDERAL-DE-MEDICINA-RESOLUCAO-CFM-No-2232.2009-1.pdf. Acesso em: 21 maio 2024.

BRASIL. Ministério da Saúde. Portaria nº 353, de 14 de fevereiro de 2017. Aprova as Diretrizes Nacionais de Assistência ao Parto Normal. Disponível em: https://

bvsms.saude.gov.br/bvs/saudelegis/sas/2017/prt0353_14_02_2017.html. Acesso em: 21 maio 2024.

BRASIL. Lei Federal nº 5.452, de 1 de maio de 1943. Aprova a Consolidação das Leis do Trabalho. Disponível em: https://www.planalto.gov.br/ccivil_03/decreto-lei/del5452.htm. Acesso em: 21 maio 2024.

BRASIL. Lei Federal nº 11.770 de 09 de setembro de 2008. Cria o Programa Empresa Cidadã, destinado à prorrogação da licença-maternidade mediante concessão de incentivo fiscal, e altera a Lei n° 8.212, de 24 de julho de 1991. Acesso em: https://legis.senado.leg.br/norma/582192#:~:text=Cria%20o%20Programa%20Empresa%20Cidad%C3%A3,24%20de%20julho%20de%201991. Acesso em: 21 maio 2024.

BRASIL. Conselho Federal de Medicina. Resolução nº 2.306, de 5 de março de 2022. Aprova o Código de Processo Ético-Profissional (CPEP) no âmbito do Conselho Federal de Medicina (CFM) e Conselhos Regionais de Medicina (CRMs). Disponível https://portal.cfm.org.br/wp-content/uploads/2022/03/2306_2022.pdf. Acesso em: 21 maio 2024.

BRASIL. Lei Federal nº 3.268, de 30 de setembro de 1957. Dispõe sôbre os Conselhos de Medicina, e dá outras providências. Disponível em: https://www.planalto.gov.br/ccivil_03/leis/l3268.htm#:~:text=L3268&text=LEI%20No%203.268%2C%20DE%2030%20DE%20SETEMBRO%20DE%201957.&text=Disp%C3%B5e%20s%C3%B4bre%20os%20Conselhos%20de%20Medicina%2C%20e%20d%C3%A1%20outras%20provid%C3%AAncias. Acesso em: 21 maio 2024.

BRASIL. Lei Federal nº 5.905, de 12 de julho de 1973. Dispõe sobre a criação dos Conselhos Federal e Regionais de Enfermagem e dá outras providências. Disponível https://www.planalto.gov.br/ccivil_03/leis/l5905.htm. Acesso em: 21 maio 2024.

BRASIL. Ministério da Saúde. Portaria nº 72, de 11 de janeiro de 2010. Estabelece que a vigilância do óbito infantil e fetal é obrigatória nos serviços de saúde (públicos e privados) que integram o Sistema Único de Saúde (SUS). Disponível em: https://bvsms.saude.gov.br/bvs/saudelegis/gm/2010/prt0072_11_01_2010.html#:~:text=Estabelece%20que%20a%20vigil%C3%A2ncia%20do,%C3%9Anico%20de%20Sa%C3%BAde%20(SUS). Acesso em: 21 maio 2024.

BRASIL. Ministério da Saúde. Portaria nº 420, de 02 de março de 2022. Altera o Anexo 1 do Anexo V à Portaria de Consolidação GM/MS nº 4, de 28 de setembro de 2017, para incluir a síndrome congênita associada à infecção pelo vírus Zika na Lista Nacional de Notificação Compulsória de doenças, agravos e eventos de saúde pública nos serviços de saúde públicos e privados em todo o território nacional. Disponível em: https://bvsms.saude.gov.br/bvs/saudelegis/gm/2022/prt0420_04_03_2022.html. Acesso em: 21 maio 2024.

BRASIL. Ministério da Saúde. Portaria nº 1.119, de 05 de junho de 2008. Regulamenta a Vigilância de Óbitos Maternos. Disponível em: https://bvsms.saude.gov.br/bvs/saudelegis/gm/2008/prt1119_05_06_2008.html. Acesso em: 21 maio 2024.

BRASIL. Ministério da Saúde. Portaria de Consolidação nº 1, de 28 de setembro de 2017. Consolidação das normas sobre os direitos e deveres dos usuários da saúde, a organização e o funcionamento do Sistema Único de Saúde. Disponível em: https://portalsinan.saude.gov.br/images/documentos/Legislacoes/Portaria_Consolidacao_1_28_SETEMBRO_2017.pdf. Acesso em: 21 maio 2024.

BRASIL. Decreto nº 20.910, de 06 de janeiro de 1932. Regula a prescrição quinquenal. Disponível em: https://www.planalto.gov.br/ccivil_03/decreto/1930-1949/d20910.htm. Acesso em: 21 maio 2024.

BRASIL. Supremo Tribunal Federal. Tema 940 - Responsabilidade civil subjetiva do agente público por danos causados a terceiros, no exercício de atividade pública. Disponível em: https://portal.stf.jus.br/jurisprudenciaRepercussao/detalharProcesso.asp?numeroTema=940#:~:text=Tema%20940%20%2D%20Responsabilidade%20civil%20subjetiva,no%20exerc%C3%ADcio%20de%20atividade%20p%C3%BAblica. Acesso em: 21 maio 2024.

BRASIL. Supremo Tribunal Federal. Súmula 490 - A pensão correspondente à indenização oriunda de responsabilidade civil deve ser calculada com base no salário mínimo vigente ao tempo da sentença e ajustar-se-á às variações ulteriores. Disponível em: https://portal.stf.jus.br/jurisprudencia/sumariosumulas.asp?base=30&sumula=2620. Acesso em: 21 maio 2024.

BRASIL. Agência Nacional de Saúde Suplementar. Resolução 461, de 24 de fevereiro de 2021. Atualiza o Rol de Procedimentos e Eventos em Saúde que estabelece a cobertura assistencial obrigatória a ser garantida nos planos privados de assistência à saúde contratados a partir de 1º de janeiro de 1999 e naqueles adaptados conforme previsto no artigo 35 da Lei n.º 9.656, de 3 de junho de 1998; fixa as diretrizes de atenção à saúde; e revoga a Resolução Normativa – RN nº 428, de 7 de novembro de 2017, a Resolução Normativa – RN n.º 453, de 12 de março de 2020, a Resolução Normativa – RN n.º 457, de 28 de maio de 2020 e a RN n.º 460, de 13 de agosto de 2020. Disponível em: https://www.ans.gov.br/component/legislacao/

component/legislacao/?view=legislacao&task=TextoLei&format=raw&id=N-DAzMw==#REVOGACOES. Acesso em: 21 maio 2024.

BRASIL. Agência Nacional de Vigilância Sanitária – ANVISA. Dispõe sobre Regulamento Técnico para Funcionamento dos Serviços de Atenção Obstétrica e Neonatal, RDC nº 36 de 03 de junho de 2008. Disponível em: https://bvsms. saude.gov.br/bvs/saudelegis/anvisa/2008/res0036_03_06_2008_rep.html. Acesso em: 21 maio 2024.

BRASIL. Conselho Federal de Medicina. Resolução nº 1.821 de 11 de julho de 2007. Aprova as normas técnicas concernentes à digitalização e uso dos sistemas informatizados para a guarda e manuseio dos documentos dos prontuários dos pacientes, autorizando a eliminação do papel e a troca de informação identificada em saúde. Disponível em: https://sistemas.cfm.org.br/normas/arquivos/resolucoes/BR/2007/1821_2007.pdf. Acesso em: 21 maio 2024.

BRASIL. Conselho Federal de Medicina. Resolução nº 2.232 de 16 de setembro de 2019. Estabelece normas éticas para a recusa terapêutica por pacientes e objeção de consciência na relação médico-paciente. Disponível em: https://sistemas.cfm.org.br/normas/visualizar/resolucoes/BR/2019/2232. Acesso em: 21 maio 2024.

BRASIL. Conselho Federal de Medicina. Resolução nº 2.306, de 05 de março de 2022. Aprova o Código de Processo Ético-Profissional (CPEP) no âmbito do Conselho Federal de Medicina (CFM) e Conselhos Regionais de Medicina (CRMs). Disponível em: https://portal.cfm.org.br/wp-content/uploads/2022/03/2306_2022.pdf. Acesso em: 21 maio 2024.

BRASIL. Decreto nº 20.910, de 06 de janeiro de 1932. Regula a prescrição quinquenal. Disponível em: https://www.planalto.gov.br/ccivil_03/decreto/1930-1949/d20910.htm. Acesso em: 21 maio 2024.

BRASIL. Lei Federal nº 11.770 de 09 de setembro de 2008. Cria o Programa Empresa Cidadã, destinado à prorrogação da licença-maternidade mediante concessão de incentivo fiscal, e altera a Lei nº 8.212, de 24 de julho de 1991. Disponível em: https://legis.senado.leg.br/norma/582192#:~:text=Cria%20o%20Programa%20Empresa%20Cidad%C3%A3,24%20de%20julho%20de%201991. Acesso em: 21 maio 2024.

BRASIL. Lei Federal nº 3.268, de 30 de setembro de 1957. Dispõe sobre os Conselhos de Medicina, e dá outras providências. Disponível em: https://www.planalto.gov.br/ccivil_03/leis/l3268.htm#:~:text=L3268&text=LEI%20No%203.268%2C%20

DE%2030%20DE%20SETEMBRO%20DE%201957.&text=Disp%C3%B5e%20 s%C3%B4bre%20os%20Conselhos%20de%20Medicina%2C%20e%20d%C3%A1%20 outras%20provid%C3%AAncias. Acesso em: 21 maio 2024.

BRASIL. Lei Federal nº 5.452, de 01 de maio de 1943. Aprova a Consolidação das Leis do Trabalho. Disponível em: https://www.planalto.gov.br/ccivil_03/ decreto-lei/del5452.htm. Acesso em: 21 maio 2024.

BRASIL. Lei Federal nº 5.905, de 12 de julho de 1973. Dispõe sobre a criação dos Conselhos Federal e Regionais de Enfermagem e dá outras providências. Disponível em: https://www.planalto.gov.br/ccivil_03/leis/l5905.htm. Acesso em: 21 maio 2024.

BRASIL. Lei nº 13.787, de 27 de dezembro de 2018. Dispõe sobre a digitalização e a utilização de sistemas informatizados para a guarda, o armazenamento e o manuseio de prontuário de paciente. Disponível em: https://legis.senado.leg.br/ norma/30763714. Acesso em: 21 maio 2024.

BRASIL. Lei nº 14.737, de 27 de dezembro de 2023. Altera a Lei nº 8.080, de 19 de setembro de 1990 (Lei Orgânica da Saúde), para ampliar o direito da mulher de ter acompanhante nos atendimentos realizados em serviços de saúde públicos e privados. Disponível em: https://www.planalto.gov.br/ccivil_03/_ato2023- 2026/2023/lei/l14737.htm. Acesso em: 21 maio 2024.

BRASIL. Lei nº 8.069 de 13 de julho de 1990. Dispõe sobre o Estatuto da Criança e do Adolescente e dá outras providências. Disponível em: https://www.planalto. gov.br/ccivil_03/leis/l8069.htm. Acesso em: 21 maio 2024.

BRASIL. Ministério da Saúde. Institui a Política Nacional de Atenção Obstétrica e Neonatal, e dá outras providências, Portaria nº 1.067, de 04 de julho de 2005. Disponível em: https://www.legisweb.com.br/legislacao/?id=193664. Acesso em: 21 maio 2024.

BRASIL. Ministério da Saúde. Institui diretrizes para a organização da atenção integral e humanizada ao recém-nascido (RN) no Sistema Único de Saúde (SUS), Portaria nº 371, de 07 de maio de 2014. Disponível em: https://bvsms.saude.gov. br/bvs/saudelegis/sas/2014/prt0371_07_05_2014.html. Acesso em: 21 maio 2024.

BRASIL. Ministério da Saúde. Institui, no âmbito do Sistema Único de Saúde - SUS - a Rede Cegonha, Portaria nº 1.459, de 24 de junho de 2011. Disponível em: https://bvsms.saude.gov.br/bvs/saudelegis/gm/2011/prt1459_24_06_2011.html. Acesso em: 21 maio 2024.

BRASIL. Ministério da Saúde. Portaria de Consolidação nº 1, de 28 de setembro de 2017. Consolidação das normas sobre os direitos e deveres dos usuários da saúde, a organização e o funcionamento do Sistema Único de Saúde. Disponível em: https://portalsinan.saude.gov.br/images/documentos/Legislacoes/Portaria_Consolidacao_1_28_SETEMBRO_2017.pdf. Acesso em: 21 maio 2021.

BRASIL. Ministério da Saúde. Portaria nº 1.119, de 05 de junho de 2008. Regulamenta a Vigilância de Óbitos Maternos. Disponível em: https://bvsms.saude.gov.br/bvs/saudelegis/gm/2008/prt1119_05_06_2008.html. Acesso em: 21 maio 2024.

BRASIL. Ministério da Saúde. Portaria nº 353, de 14 de fevereiro de 2017. Aprova as Diretrizes Nacionais de Assistência ao Parto Normal. Disponível em: https://bvsms.saude.gov.br/bvs/saudelegis/sas/2017/prt0353_14_02_2017.html. Acesso em: 21 maio 2024.

BRASIL. Ministério da Saúde. Portaria nº 420, de 02 de março de 2022. Altera o Anexo 1 do Anexo V à Portaria de Consolidação GM/MS nº 4, de 28 de setembro de 2017, para incluir a síndrome congênita associada à infecção pelo vírus Zika na Lista Nacional de Notificação Compulsória de doenças, agravos e eventos de saúde pública nos serviços de saúde públicos e privados em todo o território nacional. Disponível em: https://bvsms.saude.gov.br/bvs/saudelegis/gm/2022/prt0420_04_03_2022.html. Acesso em: 21 maio 2024.

BRASIL. Ministério da Saúde. Portaria nº 72, de 11 de janeiro de 2010. Estabelece que a vigilância do óbito infantil e fetal é obrigatória nos serviços de saúde (públicos e privados) que integram o Sistema Único de Saúde (SUS). Disponível em: https://bvsms.saude.gov.br/bvs/saudelegis/gm/2010/prt0072_11_01_2010.html#:~:text=Estabelece%20que%20a%20vigil%C3%A2ncia%20do,%C3%9Anico%20de%20Sa%C3%BAde%20(SUS). Acesso em: 21 maio 2024.

BRASIL. Ministério da Saúde. Programa de Humanização no pré-natal e Nascimento. Portaria nº 569, de 08 de junho de 2000. Disponível em: https://bvsms.saude.gov.br/bvs/saudelegis/gm/2000/prt0569_01_06_2000_rep.html. Acesso em: 21 maio 2024.

BRASIL. Ministério Público Federal de São Paulo. Ação Civil Pública nº 5021263-50.2019.4.03.6100. Disponível em: https://portal.cfm.org.br/wp-content/uploads/2021/05/SENTENCA-5021263-50.2019.4.03.6100-MINISTERIO-PUBLICO-FEDERAL-X-CONSELHO-FEDERAL-DE-MEDICINA-RESOLUCAO-CFM-No-2232.2009-1.pdf. Acesso em: 21 maio 2024.

BRASIL. Superior Tribunal de Justiça. Recurso Especial nº 1.540.580. Disponível em: https://scon.stj.jus.br/SCON/pesquisar.jsp?b=ACOR&livre=%28RESP.clas.+e+%40num%3D%221540580%22%29+ou+%28RESP+adj+%221540580%22%29.suce.&O=JT. Acesso em: 21 maio 2024.

BRASIL. Supremo Tribunal Federal. Arguição de Descumprimento de Preceito Fundamental nº 54. FETO ANENCÉFALO – INTERRUPÇÃO DA GRAVIDEZ – MULHER – LIBERDADE SEXUAL E REPRODUTIVA – SAÚDE – DIGNIDADE – AUTODETERMINAÇÃO – DIREITOS FUNDAMENTAIS – CRIME – INEXISTÊNCIA. Mostra-se inconstitucional interpretação de a interrupção da gravidez de feto anencéfalo ser conduta tipificada nos artigos 124, 126 e 128, incisos I e II, do Código Penal. Disponível em: https://redir.stf.jus.br/paginadorpub/paginador.jsp?docTP=TP&docID=3707334. Acesso em: 21 maio 2024.

BRASIL. Supremo Tribunal Federal. Súmula 490 – A pensão correspondente à indenização oriunda de responsabilidade civil deve ser calculada com base no salário mínimo vigente ao tempo da sentença e ajustar-se-á às variações ulteriores. Disponível em: https://portal.stf.jus.br/jurisprudencia/sumariosumulas.asp?base=30&sumula=2620. Acesso em: 21 maio 2024.

BRASIL. Supremo Tribunal Federal. Tema 940 – Responsabilidade civil subjetiva do agente público por danos causados a terceiros, no exercício de atividade pública. Disponível em: https://portal.stf.jus.br/jurisprudenciaRepercussao/detalharProcesso.asp?numeroTema=940#:~:text=Tema%20940%20%2D%20Responsabilidade%20civil%20subjetiva,no%20exerc%C3%ADcio%20de%20atividade%20p%C3%BAblica. Acesso em: 21 maio 2024.

DADALTO, L. *Testamento vital*. 6. ed. Indaiatuba: Editora Foco, 2022.

DÁNA-AIN, D. Racismo obstétrico: a política racial da gravidez, do parto e do nascimento. *Amazônica*, Belém, v. 12, n. 2, p. 471-778, 2020. Disponível em: https://periodicos.ufpa.br/index.php/amazonica/article/viewFile/9194/6927. Acesso em: 4 abr. 2024.

DINIZ, M. H. *Curso de direito civil brasileiro*. Responsabilidade civil. 19. ed. São Paulo: Saraiva, 2005. v. 7.

CONSELHO FEDERAL DE MEDICINA. Resolução n.º 1.638, de 10 de julho de 2002. Define prontuário médico e torna obrigatória a criação da Comissão de Revisão de Prontuários nas instituições de saúde. Coordenação de Estudos Legislativos. *Conselho Federal de Medicina*: Brasília, DF, 10 jul. 2002.

CONSELHO FEDERAL DE MEDICINA. Recomendação n.º 1, de 21 de janeiro de 2016. Dispõe sobre o processo de obtenção de consentimento livre e esclarecido na assistência médica. *Conselho Federal de Medicina*: Brasília, DF, 21 jan. 2016.

CONSELHO FEDERAL DE MEDICINA. Resolução n.º 1.995, de 31 de agosto de 2012. Dispõe sobre as diretivas antecipadas de vontade dos pacientes. *Conselho Federal de Medicina*: seção I, Brasília, DF, ano 2012, seção I., p. 269-270, 31 ago. 2012.

CONSELHO FEDERAL DE MEDICINA. Código de Ética Médica: Resolução CFM n.º 2.217, de 27 de setembro de 2018, modificada pelas Resoluções CFM n.º 2.222/2018 e 2.226/2019. *Conselho Federal de Medicina*: Brasília, DF, 2019. 108 p.

CONSELHO FEDERAL DE ENFERMAGEM. Parecer n.º 338 de 2016. Veda a participação de profissionais de enfermagem na realização da manobra de Kristeller. *Conselho Federal de Enfermagem*: Brasília, DF, 2016.

CONSELHO FEDERAL DE MEDICINA. Resolução nº 1.821 de 11 de julho de 2007. Aprova as normas técnicas concernentes à digitalização e uso dos sistemas informatizados para a guarda e manuseio dos documentos dos prontuários dos pacientes, autorizando a eliminação do papel e a troca de informação identificada em saúde. Disponível em: https://sistemas.cfm.org.br/normas/arquivos/resolucoes/BR/2007/1821_2007.pdf. Acesso em: 21 maio 2024.

CÓDIGO DE ÉTICA DA ENFERMAGEM. Resolução COFEN n.º 564, de 6 de novembro de 2017. Aprova o novo Código de Ética dos Profissionais de Enfermagem. *Conselho Federal de Enfermagem*: Brasília, DF, 6 nov. 2017.

DANTAS, E. D.; COLTRI, M. *Comentários ao código de ética médica*. 4. ed. Salvador: Jus Podivm, 2022.

FUNDO DAS NAÇÕES UNIDAS PARA A INFÂNCIA. Resolução 217 A III, de 10 de dezembro de 1948. *Declaração Universal dos Direitos Humanos*. Disponível em: https://www.unicef.org/brazil/declaracao-universal-dos-direitos-humanos. Acesso em: 1 abr. 2024.

FABER, A.; MOURA, P. *et al.* Violência obstétrica institucional: uma questão sobre os direitos das mulheres. *Research, Society and Development*, Vargem Grande Paulista, v. 10, n. 14, n. e243101422226, 2021. Disponível em: https://www.researchgate.net/publication/355829601_Violencia_obstetrica_institucional_uma_questao_sobre_os_direitos_da_mulher. Acesso em: 1 abr. 2024.

FERREIRA, R. R. M. Diferença entre erro médico e violência obstétrica. *Revista da OAB do Distrito Federal*, Brasília, v. 1, p. 106-107, 2020. Disponível em: https://issuu.com/oabdf/docs/revista_oab_360_2020?utm_medium=referral&utm_source=oabdf.org.br. Acesso em: 25012024. Acesso em: 4 abr. 2024.

GOMES, A. M. A. Da violência institucional à rede materna e infantil: desafios e possibilidades para efetivação dos direitos humanos e redução da mortalidade. *Cadernos Humaniza SUS*, Brasília, v. 4, p. 134-154, 2014. Disponível em: https://www.redehumanizasus.net/sites/default/files/caderno_humanizasus_v4_humanizacao_parto.pdf. Acesso em: 3 abr. 2024.

LEAL, M. do C.; GAMA, S. G. N. da *et. al.* "A cor da dor": iniquidades raciais na atenção pré-natal e ao parto no Brasil. *Caderno de Saúde Pública*, v. 33, suppl, 1, 2017. Disponível em: https://www.scielo.br/j/csp/a/LybHbcHxdFbYsb6BDSQHb7H/abstract/?lang=pt. Acesso em: 21 maio 2024.

LEMOS, S. Brasil tem o segundo maior número de cesáreas no mundo, apesar dos riscos. *Jornal da USP*, 28 ago. 2023.

MAIA, J. S. A mulher diante da violência obstétrica: consequências psicossociais. *Núcleo do Conhecimento*, São Paulo, v. 7, n. 11, p. 54-68, nov. 2018. Disponível em: https://www.nucleodoconhecimento.com.br/saude/consequencias-psicossociais. Acesso em: 1 abr. 2024.

MALUF, A. C. R. F. D. *Curso de bioética e biodireito.* 4. ed. São Paulo: Almedina, 2020.

MELO, M. R. de. *Responsabilidade civil médica pré-natal*: reparação aos pais pelo nascimento comprometido. Curitiba: Juruá, 2019.

MINISTÉRIO DA SAÚDE. Programa de Humanização no pré-natal e Nascimento. Portaria n. 569, 08 de junho de 2000. Disponível em: https://bvsms.saude.gov.br/bvs/saudelegis/gm/2000/prt0569_01_06_2000_rep.html. Acesso em: 21 maio 2024.

MINISTÉRIO DA SAÚDE. Institui a Política Nacional de Atenção Obstétrica e Neonatal, e dá outras providências, Portaria nº 1.067, de 4 de Julho de 2005. Disponível em: https://www.legisweb.com.br/legislacao/?id=193664. Acesso em: 21 maio 2024.

MINISTÉRIO DA SAÚDE. Institui, no âmbito do Sistema Único de Saúde - SUS - a Rede Cegonha, Portaria nº 1.459, de 24 de junho de 2011. Disponível em: https://bvsms.saude.gov.br/bvs/saudelegis/gm/2011/prt1459_24_06_2011.html. Acesso em: 21 maio 2024.

MINISTÉRIO DA SAÚDE. Institui diretrizes para a organização da atenção integral e humanizada ao recém-nascido (RN) no Sistema Único de Saúde (SUS), Portaria n. 371, de 07 de maio de 2014. Disponível em: https://bvsms.saude.gov.br/bvs/saudelegis/sas/2014/prt0371_07_05_2014.html. Acesso em: 21 maio 2024.

MISOPROSTOL. [Bula] Hebron. Curitiba. Disponível. Disponível em: www.institutochapada.org.br. Acesso em: 21 maio 2024.

OCITOCINA. [Bula]. São Paulo: Laboratório Blau Farmacêutica. Disponível em: https://www.bulas.med.br/p/bulas-de-medicamentos/bula/4625/ocitocina.htm. Acesso em: 21 maio 2024.

ORGANIZAÇÃO DAS NAÇÕES UNIDAS. *Convenção para a eliminação de todas as formas de discriminação contra a mulher.* 1984. Disponível em: https://www.onumulheres.org.br/wp-content/uploads/2013/03/convencao_cedaw1.pdf. Acesso em: 3 abr. 2024.

SANTA CATARINA (Estado). Lei n.º 17.097, 17 de janeiro de 2017. Dispõe sobre a implantação de medidas de informação e proteção à gestante e parturiente contra a violência obstétrica no Estado de Santa Catarina. *Assembleia Legislativa do Estado de Santa Catarina*: Florianópolis, 17 jan. 2017.

SÃO PAULO. Lei nº 17.137, de 23 de Agosto de 2019. Garante à parturiente a possibilidade de optar pela cesariana, a partir de 39 (trinta e nove) semanas de gestação, bem como a analgesia, mesmo quando escolhido o parto normal. Disponível https://www.al.sp.gov.br/repositorio/legislacao/lei/2019/lei-17137-23.08.2019.html. Acesso em: 21 maio 2024.

SÃO PAULO (Estado). Lei n.º 15.759, de 25 de março de 2015. Assegura o direito ao parto humanizado nos estabelecimentos públicos de saúde do Estado e dá outras providências. *Assembleia Legislativa do Estado de São Paulo*, São Paulo, 25 mar. 2015.

SÃO PAULO (Estado). Projeto de Lei n.º 1.130, de 13 de dezembro de 2017. Dispõe sobre a prevenção da violência obstétrica no âmbito da assistência perinatal. *Assembleia Legislativa do Estado de São Paulo*, São Paulo, 13 dez. 2017.

SÃO PAULO (Estado). Lei n.º 17.760, de 20 de setembro de 2023. Autoriza o Poder Executivo a instituir, regulamentar e implementar o Programa Saúde da Mulher Paulista, com a finalidade de promover o desenvolvimento de ações e serviços de prevenção e assistência integral à saúde da mulher no âmbito do Estado de São Paulo. *Assembleia Legislativa do Estado de São Paulo*, São Paulo, 20 set. 2023.

SILVA, J. A. da. *A Dignidade da pessoa humana como valor supremo da democracia*. Revista de Direito Administrativo. Repositório da USP. Rio de Janeiro. Volume n. 212, p. 89-94, abr./jun. 1998. Disponível em: https://repositorio.usp.br/item/000999538. Acesso em: 4 abr. 2024.

SOUZA, A. V. A. P. *Resumo de direito médico*. Leme: Mizuno, 2020.

SUDRÉ, L. Dor ignorada: vítimas de violência obstétrica relatam agressões durante o parto. *Brasil de Fato*, 10 maio 2019. Disponível em: https://www.brasildefato.com.br/especiais/dor-ignorada-or-vitimas-de-violencia-obstetrica-relatam-a-gressoes-durante-o-parto. Acesso em: 1 abr. 2024.

PAVÃO, T. C. A. *et al.* Diagnóstico precoce das cardiopatias congênitas: uma revisão integrativa. *Journal of management e Primary Healph Care*, Uberlândia, n. 9, p. e10, 2018. Disponível em: https://jmphc.emnuvens.com.br/jmphc/article/view/336/731. Acesso em: 4 abr. 2024.

VASCONCELOS, J. S. *Guia da gestação ao puerpério: como viver cada fase com mais leveza*. Ebook, 2018. Disponível em: https://jessicascipioni.com/ebook/. Acesso em: 11 jun. 2024.

VASCONCELOS, C. *Direito médico e bioética*. Rio de Janeiro: Lumen Juris, 2020.